三教指帰《さんごうしいき》と空海

偽撰の文章論

河内昭圓

法藏館

目次

三教指帰と空海

偽撰の文章論

凡例

・『聾瞽指帰』は、高野山金剛峯寺所蔵真筆本の影印（『弘法大師真蹟集成』法藏館、一九七四年）を底本とし、極力その字体を採用した。ただし、フォントがないものはこの限りではない。

・『三教指帰』は、高野山金剛三昧院所蔵本の影印を底本とし、字体はいわゆる康熙字体で統一を期した。ただし、他の古抄本との間に異同があるときは、文章中に異同の有無を指摘した。

序

「空海の風景」

それは、平成十三年、西暦には二〇〇一年四月一日の夜だった。本務校の非常勤講師と懇談する会がはねて人がぞろぞろ歩きだしたときに声をかけられた。京都国立博物館学芸課を本務とする名の知れた人である。

「二、三日前にNHKから『三教指帰《さんごうしいき》』について問い合わせがあり、それならあなたに聞くのが一番と、お名前と電話番号を教えておいた。連絡があればよろしく対応してほしい」という。

『三教指帰』は、弘法大師空海（七七四―八三五）が二十四歳のときに書いたとされる思想書で、儒教・道教・仏教の三教を論じた日本漢文学史上最高の傑作と称されている。

わたくしが『三教指帰』偽撰説を公表したのは平成六年（一九九四）三月で、それまでいかなる大家にも真撰を疑う説はなかったから、発表自体が異常であったに違いない。まともに議論の対象として取り扱われるどころか、「こともあろうに『三教指帰』を偽撰だというやつが現われた」、おおかたからそういう罵声が浴びせられたであろう。当時それに似た文章を活字で見たこともある。偽撰というのは、権威あるものの名にかりて作られた偽物の文書あるいは書物を指していう。

それから七年、ＮＨＫもようやく偽撰の事実を注目するに至ったかと思ったが、その後何日たっても連絡はなく、そのはなしはいつしか立ち消えになった。

我が家の正月三が日は、家族そろって仏間でお勤めをし、書院に並べた祝膳《いわいぜん》に着座し、屠蘇《とそ》を祝って重箱の節料理に箸をつける。暮れの二十八日から妻の料理作りが始まり、三十日には餅をつき、大晦日に迎春の掃除をするのも慣例《ならわし》で、生来の無精ときては賀状を書くいとまのないのが常である。正月も四日を過ぎると、その慣例のしばりを解き、家族は散じてめいめいが自由に時を過ごす。

平成十四年（二〇〇二）正月四日、昼は居眠りをして屠蘇で少々疲れた肝臓を休め、夜になってようやく届いた賀状に目を通す。明けて五日には、即刻答礼すべきものと、少しは時間に猶予があるものとを仕分けしながらテレビをつけた。新聞の予告欄を見ていたわけではなく、まったくのたまたまである。画面が映り、ナレーターの声を聞いて直感的に空海のはなしと知れた。かたわらにある新聞のテレビ欄で確かめると、「NHKスペシャル　空海の風景　前編　大唐渡海の夢」とある。手に持った仕分け中の賀状を置いてこれを見る。

司馬遼太郎の『空海の風景』を土台にして、現在の風景を映し出しながら空海の足跡をたどる構成の番組である。そのなかで女性の語りが空海二十四歳のときに「ろうこしいき」を書いたという意味のことをいった。瞬間、そうか、『三教指帰』について問い合わせがあったというのはこのことであったかと気がついた。

司馬遼太郎は『聾瞽指帰』とは書いていない

NHKスペシャル「空海の風景」はDVDに複写されて市販されている。これを入手したので、その部分を再現しておこう。

DVD版「空海の風景」は前編「大唐渡海の夢」、後編「弘法大師への道」の二枚からなり、各編の録画時間は四十九分、歌舞伎俳優の中村吉右衛門が朗読を、女優の若村麻由美が語りを担当する。朗読は司馬の文章を読み、語りは風景の説明、要約、まとめなど制作スタッフが書いた台本を読みあげる。問題の箇所では、画面に高野山金剛峯寺《こんごうぶじ》が映り、続いて僧が卓上で巻子本の国宝『聾瞽《ろうこ》指帰《しいき》』の巻頭部を開く。力強く流れるような運筆の表題部が大写しになって画面を占める。

この画面に合わせて次のように女性の声が語る。

のちに空海が開いた高野山の金剛峯寺、ここには空海が大学をやめ、仏教の道に進む決意を記した書が残されています。『ろうこしいき』。千年の時を越えて空海二十四歳の覇気を伝えてきます。日本で初めて戯曲のかたちで書かれた思想書です。

内容はほぼ『空海の風景』に沿うが、『ろうこしいき』というところが違う。語りはその前後に少し間をとってこの書名を浮き立たせ、強く念を押すような口調で画面いっぱいの「聾瞽指帰」を読みあげたが、ここが司馬の原作と異なる。だから中村吉右衛門による原作の朗読ではなく若村麻由美の語りとなっているのだ。

空海の真筆本『聾瞽指帰』は、『三教指帰』の草稿本とされてきたが、司馬遼太郎の意識のなかにこの書の存在は希薄であったように思う。

小説『空海の風景』は、雑誌『中央公論』昭和四十八年（一九七三）一月号に連載第一回として掲載されたことに始まる。その第一回、空海が大学の明経《みょうきょうか》科に入学したという

くだりに、

……空海が青年期において書いた最初の著書である『三教指帰《さんごうしいき》』（聾瞽指帰《ろうこしいき》）にしつこくそのことにふれているように、儒学や儒者の世界が古ぼけた人形の列をみるように色あせてみえ（略）

とある。司馬が『聾瞽指帰』をとりあげるのは、全篇を通じてこの一度きりでほかには見ない。連載が終わり、昭和五十年（一九七五）十一月三十日に単行本が刊行されるが、その初版本でもそれは同じだ。当時において『三教指帰』の序文は空海伝のもっとも信頼される根本資料で、青年時代までの空海の伝記はこれによるのが通例であったから、『三教指帰』が頻繁に顔を出すのは当然ながら、『聾瞽指帰』にかぎカッコもつけず、活字のポイントを落として字を小さくした組み方はいかにも軽い。『聾瞽指帰』は『三教指帰』の草稿本という通説を鵜呑みにした扱いで、もしかすると校正の過程で『聾瞽指帰』の存在を知り、無理やり書名を押し込んだのではないかともみえる。

司馬遼太郎は、あるいは『聾瞽指帰』を読んでいないのではないかと思わせるもう一つの理由がある。司馬の文章は空海十八歳の性欲にいいおよび、論理を飛躍させてその先を空海が唐から持ち帰った『理趣経《りしゅきょう》』につなぐのだが、『理趣経』は男女性交の恍惚《こうこつ》もそれを思念する欲望も、ことごとく清浄で菩薩の位であるなどと説く経典で、他の仏教経典が一切の欲は悪であるとするのとはよほど質を異にする。司馬の思いは、生涯を通じてもっとも盛んな男子十八歳の性欲も、将来における密教深奥の世界に同じて昇華したということであったのかもしれないが、性をいうかぎりは『聾瞽指帰』序文にある『遊仙窟《ゆうせんくつ》』に触れないわけにはいくまい。

『遊仙窟』と空海

かつて中国学の碩学《せきがく》神田喜一郎先生（一八九七―一九八四）の自宅を訪ねて雑談におよんだとき、先生がパンフレットを持ち出して「弘法さんがね、『遊仙窟』を読んでいるんだよ」といって、イヒヒと笑われたことを思い出す。いつも温厚で泰然とした先生が相好をくずして小さな驚きの表情を見せられたのだ。長く秘蔵され続けていた『聾瞽指帰』が、ようやく世に出始めたころのはなしで、パンフレットには空海真筆の序文部が印刷されており、先生が指さすところには「張文成《ちょうぶんせい》」の名があった。

『遊仙窟』はまぎれもなくわいせつ本である。肝心なところが伏字《ふせじ》になっている戦前の訳本を手にしたことがある。イギリスの作家D・H・ローレンスの小説『チャタレー夫人の恋人』を伊藤整（一九〇五―六九）が翻訳し、その性的描写が、わいせつか表現の自由かで争われた事件があった。この事件は昭和三十二年（一九五七）三月の最高裁判決が有罪（罰金刑）として終結するが、その後しばらくして出た『遊仙窟』の訳本では、はなしが佳境に入ると訳文が中断し、原文がそのまま表記されるところが多くあった。ここが肝心のかなめ、一般読者にはわからなくても、中国文学を専攻する自分には読めるとばかりに、意気込んで辞書を懸命に引いた記憶がある。それほどのわいせつ本である。

唐代初期の張鷟《ちょうさく》、あざなは文成という高級官吏登用試験に合格したエリートが書いた小説で、張文成自身が勅命を受けて旅する途中、道に迷って神仙のやかたに宿をとり、二人の女仙と歓楽のかぎりをつくしたというはなし。

日本人の舶来好みはいまに始まったことではない。遠く奈良時代にこの小説が伝わると、性描写におおらかな万葉人たちの間でたちまち流行した。山上憶良《やまのうえのおくら》や大伴家持《おおとものやかもち》などの歌人が影響を受け、若い空海もまたこれに学んだ。

淫事と見事な詩文という二つの要素を目前にすれば、小説家はたちどころに何枚もの原稿用紙の升目をうめるかと思うが、司馬遼太郎がこれにいいおよぶことはなかった。

『三教指帰』から『聾瞽指帰』へ

中央公論社はその後、平成十七年六月に『空海の風景』新装改版本の初版を発行した。先に引用した「『三教指帰《さんごうしいき》』（聾瞽《ろうこ》指帰《しいき》）」の部分は次のように改訂されている。

……空海が青年期において書いた最初の著書である『聾瞽指帰』および『三教指帰』にしつこくそのことに触れているように（略）

『聾瞽指帰』と『三教指帰』を並列する奇妙な文章だが、これは手元にある平成六年（一九九四）三月十日の改版発行文庫本も同じようになっているから、司馬遼太郎が了解した改訂である。『聾瞽指帰』の地位がわずかに認知されたおもむきがあるが、書名がここ一箇所にとどまることに違いはない。

一方でNHKスペシャルでは、司馬が繰り返していう『三教指帰』の名は一度も出ないのであって、この点で原作との違いは徹底している。要するに、NHKは『三教指帰』を偽撰とみなしたということである。

平成十五年（二〇〇三）四月十五日から同五月二十五日までの間、京都国立博物館で

「空海と高野山」と題する特別展覧会が開催された。弘法大師入唐千二百年を記念する展覧会である。高野山金剛峯寺をはじめとする各寺院の宝物すべて百六十点が出品され、見事な景観を呈した。曼荼羅《まんだら》・絵像・木像・仏具・真蹟・古画、国宝・重文のオンパレードで、それぞれ場所を得て配列され、観る者の目を養わせた。なかでも一等の出品は真筆本『聾瞽指帰』。広告のパンフレットにもその一部が刷り込まれ、展覧会の宣伝に大きな役割を担った。図録を購入すると、強靭《きょうじん》なビニール袋がサービスについたが、半透明のその袋にも『聾瞽指帰』が銀色で印刷されている。一言余計なことをいうと、この刷り込みはいささか過ぎた所為だと思っている。袋は便利してありがたいが、家に帰ればいずれ邪魔になって捨てられる。空海のあの書影がゴミ箱に捨てられるさまを思えば、心が痛む。

展示場の一番よい場所に大きなガラスケースが置かれ、中に国宝『聾瞽指帰』がひろげられていた。すでに印刷されたものでは馴《な》れ親しんだ書影であったが、実物の拝観は初めての経験で心身のたかぶりを覚えた。人の迷惑をかえりみるいとまもなく長い時間一所にたたずみ、写真印刷では見えない料紙の張り合わせ部分などにやたら興味をもったものである。

場内に設置された空海の生涯を語るビデオでは、この真筆の画面が重要な位置を占め、「延暦十六年、西暦七九七年、二十四歳になった空海は『聾瞽指帰』を書いて仏教に対する深い帰依の姿勢を示しました」というような説明がなされた。一方、空海を語るときにかならず引き合いに出されてきた『三教指帰』が姿を消した。ＮＨＫスペシャルの印象とが二重写しになる。

しかし、ＮＨＫと京都国立博物館の二つの企画は、『聾瞽指帰』を前面に打ち出し、『三教指帰』を偽撰とする状況を呈しているが、偽撰だと明確にいっているわけではない。

偽撰とは、時代・地域・政治・宗教などのさまざまな必要に応じて、他の者の名にかりて、それを著わす者の優位を導く目的をもって、あるいは事実を証明する目的をもって著作することである。

本書は、『三教指帰』の何をもって偽撰を疑うに至ったか、いかなるところが偽撰といえるか、何のために偽撰を作る必要があったかなどの点について、主として文体や文法などからみる〝文章論〟の立場から述べようとするものである。

一、『三教指帰注集』の出現

――偽撰の予感

山田コレクション

一片の考古学的出土文物が、すでに定説となっていた歴史上の時間を、たちまち三、四世紀も前後させる事例はこんにち少なくない。『三教指帰《さんごうしいき》注集《ちゅうしゅう》』（図１）の出現はそれに似たところがある。

大谷大学が所蔵する『三教指帰注集』は、大谷大学教授、図書館長を歴任した山田文《ぶん》昭《しょう》（一八七七―一九三三）（図２）の旧蔵にかかる。山田は真宗史学の草分けと称され、同

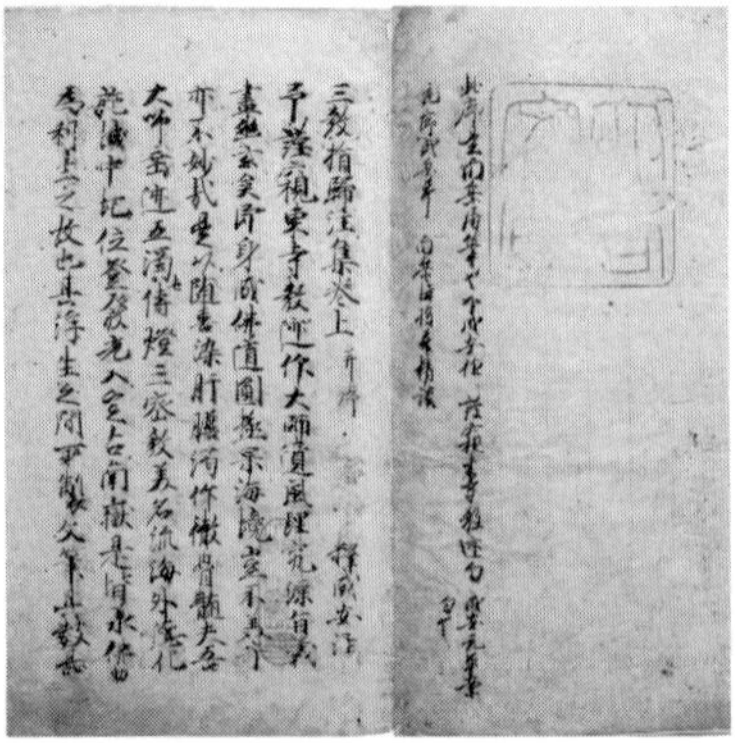

図１　重要文化財『三教指帰注集』

時に一宗にとどまらず日本仏教史学へと視野を広げていた人であった。『日本佛教史之研究』『真宗史之研究』など多くの著述を遺《のこ》し、それらは昭和九年（一九三四）十月、『山田文昭遺稿』全五巻（破塵閣書房）として山田文昭遺稿刊行会から出版された。再評価ということであろう、それらの多くはその後、法藏館から復刻されている。

山田文昭は自らの研究に資する意味もあって平安中期から鎌倉期にかけて筆写された善本の収集に

図2　山田文昭肖像

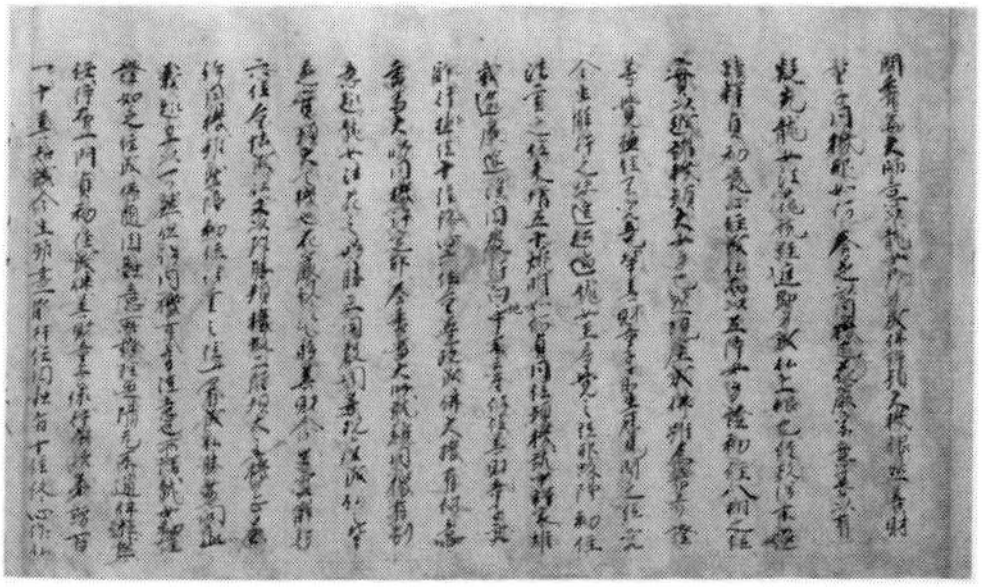

図3　重要文化財『春記』紙背『顕密立教差別記』

もつとめていた。「山田コレクション」と称されるもので、そのうち『春記《しゅんき》』一巻、『後《ご》白河院庁《しらかわいんちょう》下文《くだしぶみ》』一巻、『三教指帰注集』三巻は、国の重要文化財の指定を受けている。

『春記』は、藤原資房《ふじわらのすけふさ》（一〇〇七―五七）の日記で、資房が春宮《しゅんぐう》（東宮）権大夫《ごんのだいぶ》であったことからそう名づけられている。自筆の原本は伝わらず、もとは京都東寺に収蔵されていた「東寺本」と称される良質の写本が、現在では宮内庁書陵部に八巻、京都国立博物館に三巻が所蔵され、山田文昭旧蔵にして大谷大学が所蔵するものは、これに加えたまたの一巻である。この日記は一時に権勢を誇った藤原頼道《ふじわらのよりみち》（九九二―一〇七四）の時代を背景とするだけに、史料としての価値がすこぶる高いが、「東寺本」の特徴は日記本文の紙背（裏側）を真言宗典の写本の料紙として利用しているところにある。大谷大学蔵本一巻は、長久二年（一〇四一）二月の一カ月間に行なわれた神社の祭礼や宮中行事、あるいは朝廷の人事などを書きとどめるものであるが、その紙背には十二世紀後半に活躍した東寺系密教の学僧寛有（生卒年未詳）の『顕《けん》密立教差別記《みつりっきょうさべつき》』（図3）が書写されている。

東寺に所蔵された古い写本の紙背に記された書すなわち裏書《うらがき》は、紙の有効利用などというものではなく、表題の本体に関連した一定の事実ないしは架空の事実を証明するための手段として意図的かつ計画的に書かれることが多い。したがってその裏書を資料として用いるときはよほどの注意を必要とするが、日本仏教史を講じる山田文昭の立場からすれば、一カ月の古記録よりも、『顕密立教差別記』の古写本に一層の興味があったかと思う。現に山田コレクションのなかには平安時代写本の『胎蔵界念誦真言《たいぞうかいねんじゅしんごん》』、鎌倉時代写本の『金剛頂経《こんごうちょうきょう》蓮華《れんげ》部《ぶ》信念誦次《しんねんじゅし》第《だい》』など真言密教に関わる典籍が多くあり、鎌倉期古写の『三教指帰』、当面する平安時代古写の『三教指帰注集』がある。山田文昭二十八歳、明治三十七年（一九〇四）の論文に「平安朝の真言宗に現はれたる未来教」（『無盡燈』第九巻第二号）があり、四十歳、大正五年（一九一六）に「秘密聖典解題」（『布教界』第一巻第十二号）があることからすると、真言密教に関する研究が山田のなかで相当な広がりをもっていたことがわかる。『山田文昭遺稿』第三巻（破塵閣書房、一九二四年）が収める『日本佛教史之研究』では前記論文のほか、弘法大師空海のひととなりと密教思想およびその法系などが詳しく論述されている。

山田コレクションはその他界後ほどなく、大谷大学並びに同朋大学の前身であった真宗専門学校などに寄贈された。大谷大学では昭和八年（一九三三）十月、「故山田文昭先生遺書展」が開催されて『三教指帰注集』も展示されたが、展観期間がわずかに同月十四日から十六日までの三日間であったせいもあって、その貴重性に着目する人はなかったようである。また『日本佛教史之研究』（一九三六年二月再刷版）の巻末には「大谷大学蔵山田文昭教授遺書目録抜粋」が掲載され、『三教指帰注集』の奥書が釈文されているが、全集の編集者が加筆したものと思われるその釈文では、この書の重要性を読み取るのは困難であったと思われる。『三教指帰』は他の古抄本《こしょうほん》とともに長い眠りに入った。

『三教指帰注集』への注目

古抄本、古鈔本とも書く筆写された古い書物は、それを見た瞬間にはその性質や意味が分別できなくても、古書自体が放つ微妙な光を感得する人に出逢わなくては、やがて漂流し、ついにはいずこかに消えてしまう。

幸い山田文昭の研ぎ澄まされた眼を得てその手に落ちた『三教指帰注集』も、その性質や意味を現代に明らかにしなければ、ただの薄汚れた古紙に過ぎず、固有する有益な貴重の光を発揮することなく、書庫に眠り続けることになる。

『三教指帰注集』を眠りから揺り覚まそうとしたのは、当時大谷大学図書館課長の任にあった高橋正隆氏で、図書館が所蔵する稀覯本《きこうぼん》を厳しく管理し、機をみてそれらを世に出す裁量に長《た》けた人である。たとえば、大谷大学図書館が所蔵する世界に有数の『北京版西蔵《チベット》大蔵経』ほどの大物になれば、合法的に譲渡をせまるとか、あるいは政治や行政、はたまた経済などの権力をからめた大きな仕掛けを工作して、これを移転させようとする勢力があったりもしたと聞いている。文化財を守り、世の中にその真の価値を明らかにするという作業は大変なのだ。

これを研究してみてはどうかと、高橋正隆氏から『三教指帰注集』の写真版を渡されたことがあった。時にわたくしは三十代の半ばである。昭和四十七年（一九七二）十月に野上俊静《しゅんじょう》編『大谷大学所蔵　敦煌古写経　続』（大谷大学）、十一月には神田喜一郎編『日本金石図録』（二玄社）が相次いで刊行され、昭和四十九年（一九七四）六月には中田勇次郎編『龍門造像題記』（中央公論社）の公刊をみたが、わたくしはこれらの書物の成立に釈文、解説を担当するというかたちで関わった。釈文は、筆写されたものないしは金石に刻まれたものの拓本や写真の文字を正字体に直す作業をいうが、やさしい仕事ではない。高橋氏がわたくしに勧奨されたのは、そのような経験をみたうえでの結果かと思われた。

しばらくは写真版の古抄本と睨《にら》み合った。本文と語句を注釈した引用文からなっている。引用書の多くは見覚えのあるものだが、なかに厄介な書名も少なからずある。全体の内容量も相当にあり、この一書にかかりきっても最短で五年は要すると見積もった。

一方、その数年前から喧騒をきわめた学園紛争は、ようやく収束に向かっていたが、かえって陰湿な余波が学内にあふれていた。学生はどれほど騒いでも卒業すればそれまでだが、残った者の心の整理には時間がかかる。憂鬱におおわれた日々のなかで、いつしか唐の詩文を読む本業にもどり、ついに古抄本の写真は雑多な書類の下積みとなった。

下積みにしてしまった最大の原因は、『三教指帰』の重要性を、したがってまた『三教指帰注集』の重要性をまったく理解していなかった不明にある。高橋氏から写真版を渡されて表題に目をやり、無意識に「さんぎょうしき」と声に出したとたん、「さんごうしき」と読むと叱られた。その書名すら知らなかったのだ。『三教指帰』に訳注を加えた中国思想研究の大家福永光司《ふくながみつじ》氏（一九一八—二〇〇一）は、「私が（『三教指帰』に）興味を抱き始めたのは、私が旧制の大学で漢文の学（中国哲学史）を専攻し始め、漢文というものの難しさと面白さが僅かに分かりかけ、空海の『三教指帰』の漢文の文章のすばらしさと思想内容の豊富さ、高度さに圧倒されていた、空海と同じ二十四歳の頃であった」（『最澄空海』日本の名著3、中央公論社、一九八三年）と述べている。比較するのも恐れ多いが、それにつけても非常識のそしりは免れない。ことのついでにいうと、この福永氏の『三教指帰』訳注は『三教指帰』を読まんとする者の必読の書で、中国学の粋をつくした詳細な注釈は、他のいかなる書をも圧倒する。

『三教指帰』の古い注釈書

『三教指帰注集』を呼び起こした者は、大谷大学教授の佐藤義寛氏（一九五八―二〇一二）である。彼はわたくしの教室に遊んで粘り強い努力と出典探索の厳密さに長じ、中国南朝の梁の昭明太子蕭統《しょうとう》（五〇一―五三一）が編纂した『文選《もんぜん》』を好んで読んだ。六世紀前半に成立したこの書は唐代以降に仕官して名を出そうとする文人必読の書とされ、我が国にも早く聖徳太子の時代には入っていて最大級の影響を与えた。

佐藤氏が博士課程に進むにあたり、わたくしは書類の下積みになっていた『三教指帰注集』の写真版を取り出して、これを研究してみてはどうかと勧めた。自らに課せられた宿題解決の転嫁をはかったのだ。佐藤氏はその正体もしかとは知らぬまま無条件でこれを受け入れた。

『三教指帰注集』の解読は片手間でできる仕事でない。『白氏《はくし》文集《もんじゅう》』などの古抄本の研究で知られる花房英樹先生（一九一四―九八）に依頼して週一回の特殊講義を担当していただいた。それから七年間、佐藤氏の時間はそのすべてを『三教指帰注集』の読解に注がれた。

初めの四年間は教室で花房先生の指導を受け、あとの三年間は内容の整理と出版準備に費やした。大著『三教指帰注集の研究』（大谷大学）が世に出たのは平成四年（一九九二）十月であった。

佐藤氏の成果によると、『三教指帰注集』はいわゆる「成安注《じょうあんちゅう》」と称せられるものの首尾が完備した最上の善本である。

『三教指帰』は、当時において空海がもつ表現能力のすべてを凝縮させた漢文で書かれているとされていた。漢文はいいたいことの意味をもつ漢字をならべればそれで一章ができあがるというものではない。使用する一語一語を吟味し、時には発音したときの響きにも注意をはらい、慎重に字を置いていく。蓄積された学問のすべてを一語に集中させるのであって、そのことばが難解で読者にわかりにくいのでないかなどという配慮はしない。理解できなければそれは読み手の教養の問題であり、書き手の責任ではない。

一語を吟味するのは、それが誰のいかなる文章に使われているかの一点にあり、出典が明らかであることによって、表現しようとすることの意味の正しさが確定する。簡単にいうと、そこに書かれていることの意味は出典を明らかにしないと正しく理解できないということである。文章語というのは、それほどに面倒なものなのだ。

空海が表現能力のすべてを凝縮させたとされる『三教指帰』は、空海と同じ学識をもたないかぎり難解で読めない。読むためにはその学識に少しでも近づくための注釈書を必要とする。

『三教指帰』の古い注釈としては、従前から「勘注抄《かんちゅうしょう》」「成安注」「覚明注《かくみょうちゅう》」の三種の存在が知られていた。

このうちでは「覚明注」がもっとも遅れて出た注釈書で、先行する「勘注抄」「成安注」の注の文を多く引用して注釈を構成している。正式の書名を『三教指帰注』といい、慶長十五年(一六一〇)に書写された完本が慶應義塾大学図書館に所蔵されている。注釈者覚明は、信教・信阿とも名乗って平安末期から鎌倉初期にかけて漢詩の注釈で活躍した人と同一人物とされるが、「覚明注」の成立年次も含めて詳しいことはわかっていない。

江戸時代にもっともよく読まれ『三教指帰』の理解に寄与した注釈書に、京都智積院《ちしゃくいん》の学僧運敞《うんしょう》(一六一四―九三)が著わした『三教指帰註《さんごうしいき》删補《ちゅうさんぽ》』(万治二年〈一六五九〉版)がある。その序文に次のようにいう。

先藤吏部敦光及成安卿等。各撰注解。後覺明采揖二家。合為一部。

先《さき》に藤吏部《とうりぶ》敦光《あつみつ》及《およ》び成安卿《なりやすきょう》等《ら》、各《おの》おの注解《ちゅうかい》を撰《せん》す。後《のち》、覚明《かくみょう》二家《にか》を采揖《さいしゅう》し、合《がっ》して一部《いちぶ》と為《な》す。

「藤吏部敦光」というのは平安後期の藤原敦光《ふじわらのあつみつ》（一〇六三—一一四四）をいう。「藤敦光」は「原」一字を除いて中国人風に三字にしたいい方で、現代でも使用されることがある表記法である。「吏部」は唐代の官制で人事を扱う官職。藤原敦光は式部大輔《しきぶたいふ》（式部省の実質的な長官）に任ぜられており、式部大輔は唐の官制では吏部侍郎《りぶじろう》に相当するのでこの表記を用いた。

引用した運敞の序文は「先に藤原敦光および成安卿がそれぞれ『三教指帰』の注釈書を著わした。その後覚明が上記二家の注釈を取り集め、合わせて『三教指帰注』とした」の意。先行する古注三種に対する運敞の理解である。

藤原敦光は記伝・詩文を司る大学文章博士を歴任し、平安末期成立の『本朝無題詩』『本朝続文粋』などに詩文が収録されている。運敞がいう注解書『三教勘注抄』、略して「勘注抄」と通称されるものは霊友会所蔵本、高野山宝寿院所蔵本、尊経閣文庫所蔵本など平安末期から鎌倉初期の古写本があるが、惜しむらくはそれらすべてが不完本である。

「成安注」

「成安注」については、運敞が「成安卿」とするのが面白い。「卿」を付けるということは成安を藤原敦光と同じ公卿の一人とみなし、「成安の紀伝は、いまだ按出せず」と記す。つまり成安の伝記については、調べる手がかりを得ないと述べているのだ。こうなると「成安卿」を探し出そうとする人が現われ、藤原敦光の孫に藤原安成がいるのを見つけ出して、「成安」とは「藤原安成」ではないかと推論する説を生ぜしめるに至った。それほどに「成安注」は姿を見せず、覚明の『三教指帰注』を通してのみその存在を見、「成安注」はすでに亡逸してしまっていると考えられるほどであった。

先にも述べたように、大谷大学所蔵の『三教指帰注集』はその「成安注」の首尾がそろった最上の善本である。

佐藤義寛氏の研究によれば、注をほどこした者は釈成安であり、その成立は寛治二年（一〇八八）である。東寺観智院の厳寛という僧によって長承二年（一一三三）から同三年（一一三四）にかけて書写された。成安、厳寛ともに詳細は明らかでないが、いずれも御室《おむろ》仁和寺《にんなじ》の学僧南岳房済暹《さいせん》（一〇二五―一一一五）と師弟関係にあった者のようであり、成安は済暹の勧めを受けて施注したのであるという。

寛治二年の成立は藤原敦光の生卒年から考えて、おそらくはその「勘注抄」よりも早い。「成安注」と「勘注抄」との間に相互の関連性は認められず、時間を接して二つの注釈書が現われたということになる。

さらに長承二年から同三年にかけて書写された大谷本は、ただに注釈書最古の抄本であるというにとどまらず、これまで『三教指帰』の本文写本として最古とされてきた仁平四年（一一五四）書写の天理図書館所蔵本をも上回って古いものであり、およそ『三教指帰』に関するかぎり本文、注釈を問わず、現存する完全にして最古の写本ということになるのである。

偽撰の予感

わたくしは佐藤義寛氏の原稿が完成すると、その大作を出版するための環境を整え、校正にも加わった。もともと自らに課せられた責任を転嫁したことへの償《つぐな》いである。

校正に関わりながら、ふと思った。大谷本『三教指帰注集』が注釈書としてのみならず、『三教指帰』本文としても現存最古の写本であるとはいかなることであろうという素朴な疑問である。延暦十七年（七九八）、空海二十四歳の作とし、すでに聖典化するまでに重要な意味をもつ『三教指帰』は、それからおよそ三百三十年、空海が『聾瞽指帰』を後日書き換えたとしてその入滅からしても約三百年の間、この書はどうしていたのであろう。書写されることもなく、したがって読まれることもなかったという事実は理解に苦しむというよりほかない。

書物は、なかでも文学的作品においてはその書き手が生存しているときから世間の評判を得るとはかぎらない。杜甫の詩が正しく理解されるにはこの詩聖が没してのち多くの時間を要したし、清少納言の『枕草子』が注目されるについても同様の時間を必要とした。しかし、空海の場合はこれらの事例と同日に論ずるわけにはいかない。空海自身の認知に時間を要したのであればともかく、一代のうちに鎮護国家的な秘密修法をもって奈良仏教を凌駕し、朝廷のおぼえもめでたく、多くのすぐれた弟子にも恵まれていたのであり、評価に時間的な断層があったということではないからである。とりわけ『三教指帰』はその序文に自叙伝が述べられている。空海ほどの人物に行状《ぎょうじょう》や墓碑銘類など伝記の基礎資料がないというのは一つの大きな不思議だが、そうであればこそなおさら自叙伝は重要な意味をもったはずである。その大切な書物が三百年もの間どうしていたのであろう。そう考えざるをえない。そう考えることから偽撰を疑う気持ちがめばえた。

わたくしの偽撰説は単純な文章論である。特に『聾瞽指帰』と『三教指帰』の序文にみる文体の相違、文体が変われば用語も変わることがわたくしのなかで偽撰を決定づけた。両指帰の大きな相違点は本文はほぼそのままにして、序文だけを違った文体で書き改めるところにあるが、この不細工を無類の表現者である空海がするはずはなく、後日再治するというならば、空海はたちどころに全篇を書き直したであろうと思う。

その思いを伝えるために、ここで改めて両指帰を丁寧に読みほどいて比べておこう。

二、『聾瞽指帰』について

国宝『聾瞽指帰』の書誌

『三教指帰』の偽撰を語るについては、まずその草稿本とされてきた『聾瞽指帰』を見ておかなければならない。

昭和三十八年（一九六三）に国宝指定を受けた真筆本『聾瞽指帰』は、乾坤二巻の巻き物に装丁されているが、まず巻首の表題に「聾瞽指帰一巻」と記し、尾題（文末最後の題）にも「聾瞽指帰一巻」と大書するように、空海の意識は「一巻」である。すべて約八千六百字からなり、これは前出張文成の『遊仙窟』とほぼ同量の長編である。

一篇を書き付けた料紙は、「縦簾紙《じゅうれんし》」などといわれる縦《たて》に簾目《すだれめ》のような空罫《からけい》が押された白麻紙を用いている。空罫というのは、ヘラで引いた罫線をいう。この種の紙は、正倉院の宝物に納まる光明皇后の写本や、嵯峨天皇宸翰《しんかん》などに見られる最上等のもので、高級官僚でもなく天下の高僧でもなかった当時の空海がいかにしてこれを使用できたかは一つの謎である。空海書像研究の第一人者である飯島太千雄氏は、特別な事情があって自家で作製したのではないかとの見解を示し、自ら紙の作製を実験的に試して成功したという。しばらくはこれに従っておきたい。

本文の書体は行書を主とするが、時に楷書あるいは草書を用いる雑体である。一書は同じ書体でつらぬく約束ごとからすれば、そのような書法は異例に属するが、飯島氏は意識的に書体を変える書法を「破体」と名づけ、そこに空海の豊かな創意を見出している。韻文部の押韻《おういん》の字を太く大きく書いているのも特徴である（図4）。

東寺が所蔵する国宝に行草体で書かれた「風信帖《ふうしんじょう》」（弘法大師尺牘《せきとく》）（図5）がある。空海が伝教大師最澄（七六七―八二二）に送った三通の書簡をまとめて一巻としたもので、空海の書法上もっともよく知られた代表作だが、ここに見る流れるような美しさの円熟した書風との比較において、やや痩せて硬さのある書は風趣を異にするとし、あるいは破体は一文一書体の基本的な書法に反すると考える人がいる。古くからそのように思う人によって『聾瞽指帰』の真蹟を疑う見解が示された。それはいまもあるのであって、「（『聾

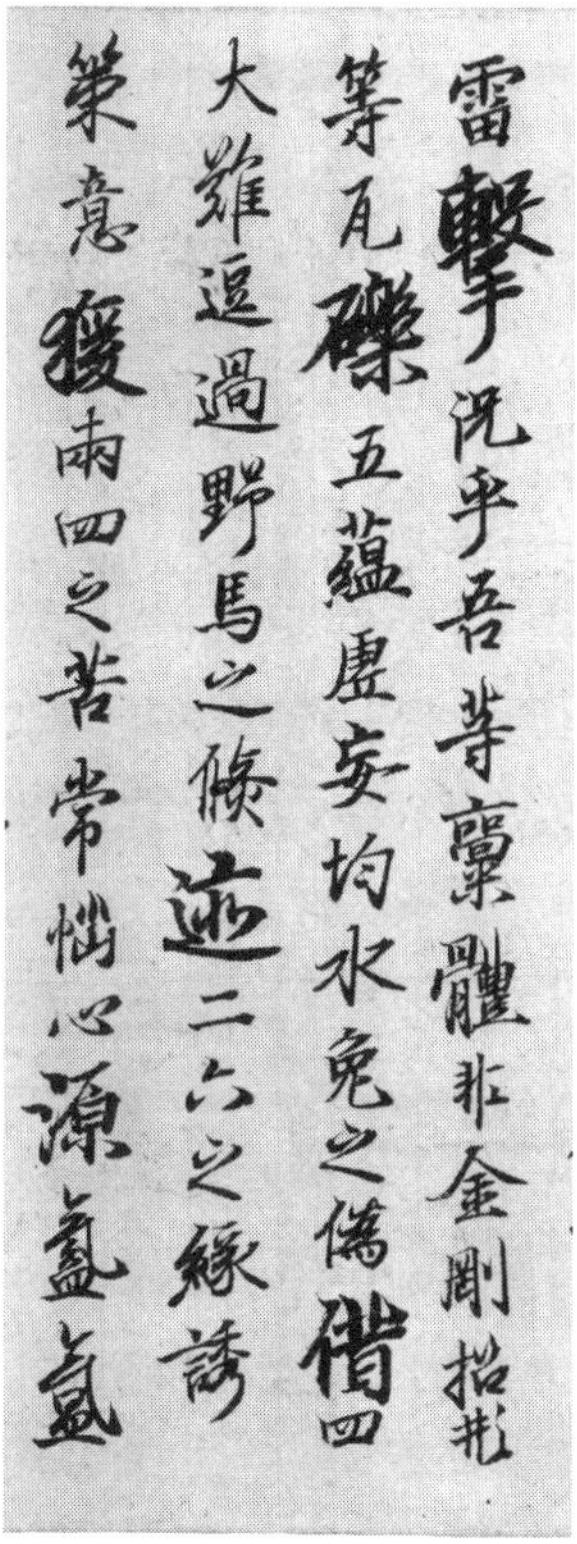
図4　国宝『聾瞽指帰』

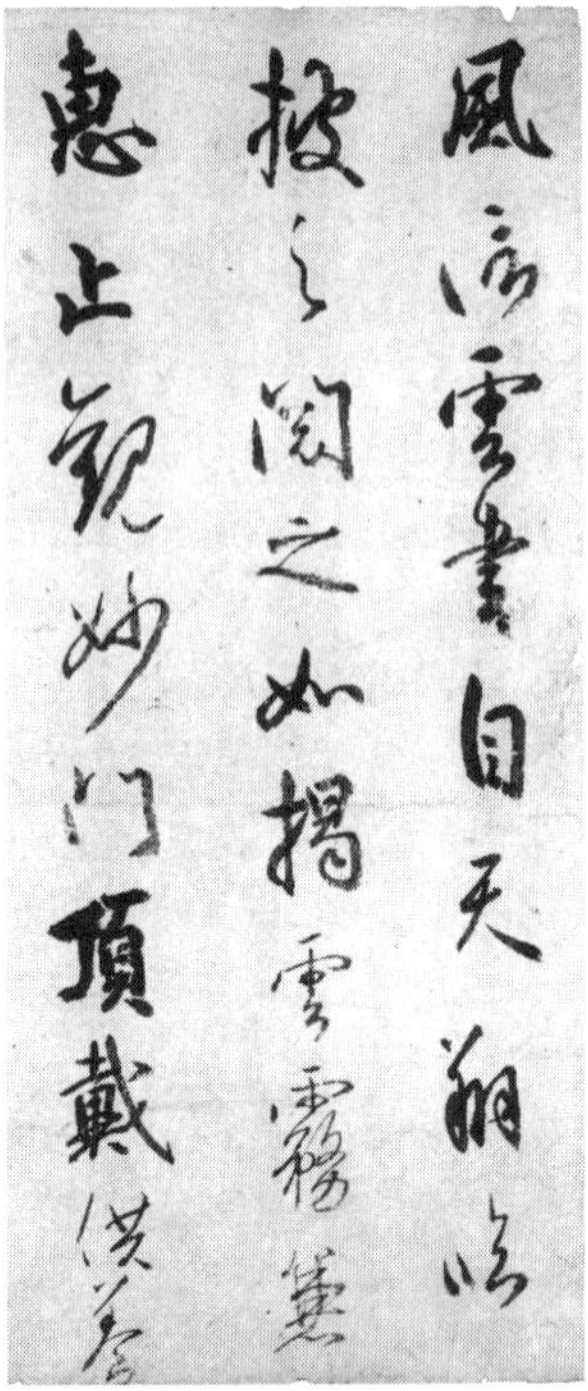

図5　国宝「風信帖」（弘法大師尺牘）

聾瞽指帰』は）空海の自筆であると伝えられている」、「この『聾瞽指帰』の筆写については、異論がないわけではない」といった文を見ることがしばしばある。いずれも真筆を疑う議論に配慮したものであるが、それでは同じ時代に同じ重厚で格調高い文章を書き、同じ書影を遺せる者がほかにいるかという問いに対して、正当な答えを用意できる人はなく、結局は落ち着くところに着地する。

弘法も筆を誤る

真筆本『聾瞽指帰』を詳細に見てみると、誤写、脱字、二字の前後を顚倒することなどが相当数認められる。誤写は、消《け》ち点という符号を用いてこれを消し、脱字は、空白に小字をもってこれを補い、字の顚倒には、顚倒符を用いてこれを正している。たとえば図6は「鼈毛先生論《べつもうせんせいろん》」の一節だが、これを釈文すると次のようになる。

（二字略）
未知。
一稱之因。遂爲菩提。
四銖之果。復登聖位。
数過庭蒙誨。不誅己惡。翻恨提撕。
豈思。
諄々之意。切於猶子。
懃々之恩。重於比兒。
（四字略）

未《いま》だ知《し》らず、
一称《いっしょう》の因《いん》、遂《つい》に菩提《ぼだい》と為《な》り、
四銖《ししゅ》の果《か》、復《ま》た聖位《せいい》に登《のぼ》るを。
数《しば》しば庭《にわ》を過《よぎ》りて誨《おしえ》を蒙《こうむ》るも、己《おの》が悪《あく》を誅《せ》めず、
翻《かえ》って提撕《ていし》を恨《うら》む。
豈《あ》に思《おも》わんや、
諄々《じゅんじゅん》の意《こころ》、猶子《ゆうし》より切《せつ》にして、
懃々《きんきん》の恩《おん》、比児《ひじ》より重《おも》きを。

ここは仏陀の教えも孔子の教えも理解できない愚かな人間性を指摘する部分。「未知」

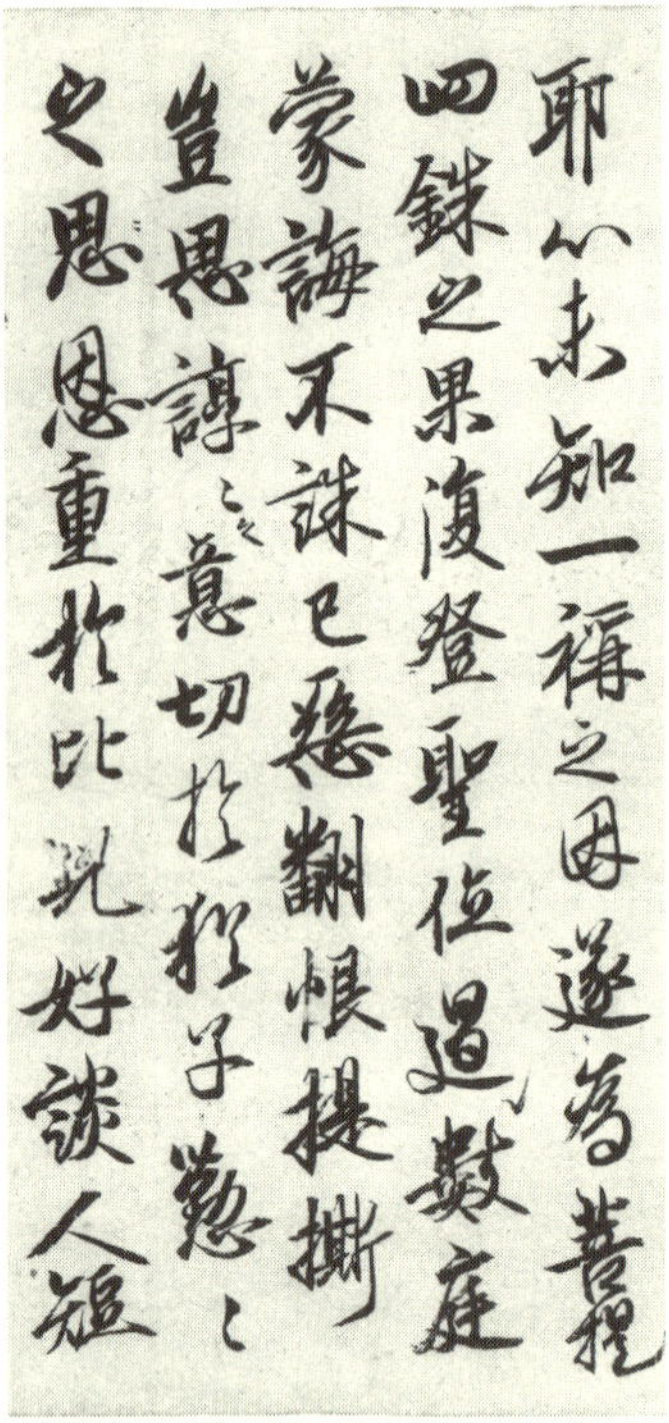

図6　国宝『聾瞽指帰』

「豈思」は「句端《くたん》」といい、句の初めに置いて続く句の意味を左右したり、一篇を発する語調を整えたりする。読むときのリズムに関わるので、ここではあえて一行を使って表記した。文体上の意味づけを重視した空海は、自著『文鏡《ぶんきょう》秘府論《ひふろん》』北巻でわざわざ「句端」の一項目を立てて説明を加えている。

「一稱」は、一度だけでも仏に帰命（南無）すると称えること。「菩提」は、仏道。いかに乱れた生活にある人も、仏前に「南無す」と唱えればみな仏道をなすとする故事が『法華経』にある。

「四銖」は、小額な銭の単位。四銖銭。貧乏な老婆が四銖で灯明の油を買って仏に供養すると、それを見た仏が目連尊者《もくれんそんじゃ》に「この人はさきざきに須弥《しゅみ》灯光如来《とうこうにょらい》となるであろう」と予言した故事がある。「聖位」は、ここにいう須弥灯光如来。

「過庭」は、儒教のはなし。孔子の子の伯魚《はくぎょ》が自家の庭を小走りに通り過ぎると孔子が立っていた。「詩を学んだか。詩を学ばないと世間でものがいえない」といわれたので伯魚は部屋にもどって詩を勉強した。別の日に庭を小走りに通り過ぎると孔子が立っていた。「礼を学んだか。礼を学ばないと世間に立つことができない」といわれたので、礼を勉強したというはなしが『論語』季氏篇に見える。「提撕」は、教え導くこと。「諄々」は、丁寧に教えること。「猶子」は、兄弟の子。甥。「於」は、ここでは比較の助字。助字は一語で文を構成することのできない語の総称で、日本語の文法でいえば助詞、助動詞などに類する。比較の助詞「より」で読む。「懃々」は、まごころがこもっていること。「諄々」とほぼ同じ。「比兒」は、猶子に同じ。甥。

図6に目を転ずると「數過庭蒙誨」の句が「過數庭蒙誨」となっており、「過」と「數」の間の右側に記号がついている。これが顛倒符で、「過」と「數」を前後置き換えるというしるしである。「諄々之意」は、初め「諄々意」と書いて「之」字を忘れたので、あとで小さな字を書き入れて補った。「懃々之恩」は、「懃々之思恩」となっており、「思」の横に記号がついている。これは「恩」とするところを「思」に誤ったので、しるしをつけ

図7　国宝『聾瞽指帰』

てこの字を消す意を明示したもので、これが消《け》ち点《てん》である。

全体を通じてこの種の誤字、脱字の修正は相当数にのぼる。なかには一句六字をまとめて誤写したところがある。図7を見てみよう。これは一篇の終わりに近い部分。

　唯々静心傾耳。　唯《た》だただ心《こころ》を静《しず》かにして耳《みみ》を傾《かたむ》けん。

　唯々静心傾耳。　唯だただ心を静かにして耳を傾けん。

「唯々静心傾耳」の六字を間違って二度繰り返して書いてしまった。ものを書いているとよくある失敗で、パソコンを使ってする仕事なら片方を消すのは容易な作業だが、上質の紙に墨書すればそうもならず、前にある句の六字に消ち点を付してこれを消した。

精査すると、あるいは修正作業をする過程で空海が見過ごしたのではないかと思われる部分もある。そういうことからすると、空海が何のためにこれを浄書し、誰に見せようとしたのかという問題に一定の推測が可能となるかと思う。

『聾瞽指帰』の伝来

高野山金剛峯寺の霊宝館に所蔵されている真筆本『聾瞽指帰』が継承されてきた跡を簡略に示せば、次のようになると考えられている。

宮中 —— 嵯峨天皇 —— 嵯峨離宮 —— 大覚寺 —— 西芳寺 —— 仁和寺 ——（一時不明）—— 前田仲源五郎 —— 高野山金剛峯寺

まず宮中に献上されてその蔵するところとなった。とはいえ、空海が直接献上したわけではない。二十四歳でこれを書き終えたときの空海は、優秀な官吏でもなく、文章や書法に格段の評判があったわけでもなく、卓越した霊能力を備えもった高僧でもなく、まったく無名の人で朝廷と関わりをもつ立場になかった。もし何らかの事情で直接差し出す環境が与えられたとしても、その場合は自由奔放の書法や、一字の誤字脱字が許されるはずのものではない。これはのちに述べることになるが、初めは身近な人に献呈され、そのすぐれた内容が評価され、おそらくは空海の期待どおりに機能し、ついに宮中の蔵するところに至ったのだ。

嵯峨天皇（七八六―八四二）が即位すると、その所有するところとなって愛好された。嵯峨天皇が空海を厚遇して高野山ならびに東寺を下賜したこと、帝自身も詩と書に秀で、空海とともに唐に渡った橘逸勢《たちばなのはやなり》（？―八四二）とを合わせて、これら三人を〝三筆《さんぴつ》〟と称すること周知のとおりである。

嵯峨天皇が弘仁十四年（八二三）に退位すると、譲位後の御所である冷然院《れいぜんいん》（現在の二条城近辺）を経て洛外嵯峨の嵯峨院に移された。

嵯峨上皇が承和九年（八四二）七月に崩御したのち、貞観十八年（八七六）に嵯峨院が大覚寺に改められると、同書は大覚寺の蔵するところとなった。

貞和二年（一三四六）に後宇多院の弟で大覚寺第二十五世門跡となった寛尊が、臨済宗の夢窓国師疎石《そせき》（一二七五―一三五一）に譲渡した由来を記す疎石の奥書があり、上下二巻に装丁された現存下巻の巻尾にそれは貼り付けられている。

疎石は南朝の延元四年（一三三九）に吉野で崩御した後醍醐天皇（一二八八―一三三九）の菩提を弔《とむら》うために天龍寺の造営を建言し、室町幕府の許可を得て中国を支配していた元との貿易に成功した。「天龍寺船」といわれるもので、ここで得た莫大な利益によって康永二年（一三四三）十一月に天龍寺造営が竣工、後醍醐天皇の七回忌にあたる貞和元年（一三四五）八月に落慶法要が厳修された。疎石は庭園造りで有名だが、政治的な動きをした禅僧でもあった。大覚寺寛尊から『聾瞽指帰』の給付を受けるについては政治的あるいは経済的な背景があったかと思われるが、これは単なる推測である。

西芳寺（苔寺）は、現在は天龍寺の境外塔頭《たっちゅう》となっているが、歴史は遠く奈良時代に発する由緒をもち、疎石が禅宗として再興した寺院。疎石は真筆本をここにとどめ、めったなことでよそに出してはならぬと書き残している（図８）。

疎石が門外不出を命じたにもかかわらず、それがいつどのような理由で仁和寺に転移し

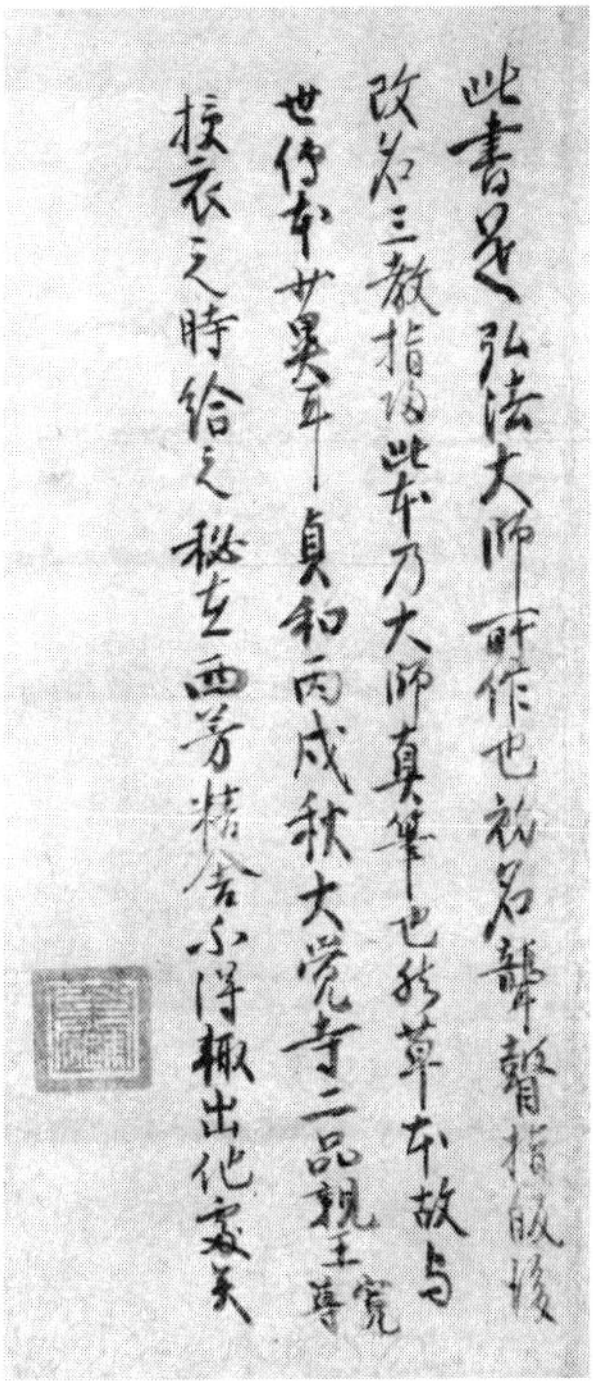

図８　国宝『聾瞽指帰』
夢窓疎石　奥書

たのかはわからない。

天文五年（一五三六）、真筆本が高野山金剛峯寺に寄進されたいきさつを金剛峯寺執行代の権大僧都《ごんのだいそうず》澄恵《ちょうえ》が記した添書きがある。その文によれば、もとは仁和寺の経蔵に安置されていた宝物が一時行方不明になり、それを泉州堺の篤信家前田仲源五郎が探し出して奉納におよんだという。天下の名宝はかくしてそのもっともふさわしい場所に落ち着いた。

本文の結構

ここで『聾瞽指帰』全体の結構を簡単に見ておこう。

「聾瞽」は道理にうとい者のことをいい、文意からすれば仏教の真理を理解していない者を指していう。「指帰」は仏教の真理を理解していない者に教えを指し示すの意。表題の後に「鼈毛先生論《べつもうせんせいろん》」「虚亡隠士論《きょむいんしろん》」「仮名乞児論《かめいこつじろん》」「観無常賦《かんむじょうのふ》」「生死海賦《しょうじかいのふ》」の目次が各一行、すべて五行をとって示される。

次いで文学論を主とした序文があり、本論「鼈毛先生論」に入る。

「鼈毛先生論」では、討論の場所として名士兎角公《とかくこう》の邸宅が設定される。ある日、儒者の鼈毛先生が兎角公の邸宅を訪ねる。兎角公は酒色を整えて歓待するうちに、無頼の生活にひたる甥の蛭牙《しつが》公子《こうし》を説諭するよう懇請し、鼈毛先生が蛭牙公子に儒教の大義を講ずる。公子はたちまち恭順の意を示した。

「虚亡隠士論」は、鼈毛先生が儒教を論じる間じっと聞き入っていた道士の虚亡隠士が、鼈毛先生の現実的な社会の条理を説くにとどまる議論を否定し、現実を離れた理想の社会を求める道教の社会を説く。その熱意に鼈毛先生も感服し、蛭牙公子も共鳴する。

「仮名乞児論」は、この書の主軸。極貧の風采、醜悪な容姿の仮名乞児が兎角公の屋敷の前にやってきて門の柱に寄りかかり、鼈毛先生と虚亡隠士の議論に聞き入っていた。両者の説が所詮はかない人間社会の皮相の条理を説くに過ぎないと見た仮名乞児は、論戦の場に踏み込んで仏教深奥の真理を展開する。理解しやすくするための手段として「無常の賦」と「生死海の賦」の韻文を配し、無常の実態が示す恐怖と、生命あるものすべてに襲いかかる生死《まよい》の苦海を説き、この憎むべき境界から脱するのはただ仏陀の法力に頼るほかにないと熱弁する。

このような文章では文体を変えて韻文《いんぶん》を用いることの意味は格段に重い。その部分が凝縮されて重要性が突出するからである。韻文がもつ重みである。鼈毛先生、虚亡隠士をはじめとして聞き入るものすべてが仮名乞児の弁論に圧倒され感服して弟子入りを懇請する。懇請を受けた仮名乞児は、最後に仏教最勝の道理を総括した五言二十句十韻の詩を示して一篇を終える。

巻首の目次にその項目を明記しなかったが、巻末の「十韻詩」は『三教指帰』の偽撰をいう場合の重要な意味をもつものである。

賦の形式と四六駢儷文の文体

『聾瞽指帰』の形式は、『文選』が収める前漢の武帝に仕えた司馬相如《しばしょうじょ》（前一七九―前一一七）の「子虚《しきょ》の賦《ふ》」「上林《じょうりん》の賦《ふ》」などにならった問答体の「賦」である。

問答体というのは、質問をなす人物を設定し、質問に対して主人公が自己の主張せんとすることをもって答える手法。賦は漢代に興った形式の文学で、司馬相如はその代表的な作者の一人。詩では表現しきれない作者の主張を文章で表現する。文章中、韻を踏むところがあるところから「韻文」ともみなされ、韻の踏み方が「詩」ほどに厳格でないので「散文」ともみなされる。時代が下がった作者の作品では「韻」の意識がうすれたものが出てくるので、韻文か散文かという問いかけには「散文」と応えるのが通例である。

韻を踏むとは、これを「押韻《おういん》」するともいう。約五万字からなる漢字は、一字一字がそれぞれ「音」と「義（意味）」をもつ。音は厳密ではないが、おおまかな原則でいうと母音「a」「i」「u」「e」「o」一つのみを有する単音節語である。一字を発音するとこの母音の部分に独特の声調がある。

声調は地域や時代により変化があって一様にはいいがたいが、中国の六朝時代以後は四種類に分類して「四声《しせい》」と称した。四声は「平声《へいせい》」「上声《じょうせい》」「去声《きょせい》」「入声《にっせい》」といい、平声は声調が平らかで抑揚がないもの、上声は声調がしり上がりに高くなるもの、去声は声調の初めが高く終わりが下がって弱まるもの、入声は短く詰まって発音されるもの、日本語の漢字音で語尾が「ク」「キ」「ツ」「チ」「フ」となる漢字がこれにあたる。

漢字の音と義を説明した字典に古くは後漢の許慎《きょしん》に『説文解字《せつもんかいじ》』、略して『説文』があり、梁の顧野王《こやおう》（五一九―五八一）に『玉篇《ぎょくへん》』がある。『玉篇』は残巻で完全本がなく、大谷大学本『三教指帰注集』の「玉篇に云う」といった引用文はその欠落部を補うに足り、空海が著わした『篆隷万象名義《てんれいばんしょうめいぎ》』は『玉篇』を模した日本最古の字書である。また仏典を読む道具としては七世紀半ばに成立した玄応《げんのう》の『一切経音義《いっさいきょうおんぎ》』を挙げておかなければなるまい。『一切経音義』では慧琳《えりん》（？―八二〇）の同名一百巻があるが、その成立は唐の元和二年（八〇七）であって、『聾瞽指帰』を書いた時点で空海は見ていない。

韻という概念を重視して韻をもって分類した韻書に隋の陸方言《りくほうげん》の『切韻《せついん》』がある。『切韻』はその後、韻の変化にともなって『広韻』『集韻』などの韻書を生むが、『広韻』以下は宋代以降の書であるから空海がこれを使用することはない。

『聾瞽指帰』の形式は、要所に押韻する漢代の賦の古体を踏襲している。

文体は、中国の六朝時代に隆盛となった四六駢儷文《しろくべんれいぶん》である。略して駢文《べんぶん》ともいう華麗な文体で、日本でも古くはみなこれにならうことに努めた。

四六は、四字句、六字句に整えること。駢儷は、二頭の馬を並べるの義で、対句《ついく》を指していう。対句には典故のある語を用いることを基本の約束とし、音調にも配慮する美文である。

『三教指帰』の偽撰をいうかぎりは、この四六駢儷文ということをきちんと整理しておかなければならないので、はなしがくどくなるが、以下に事例を示しておく。鼈毛先生が蛭牙公子を説諭する一節（図9）。

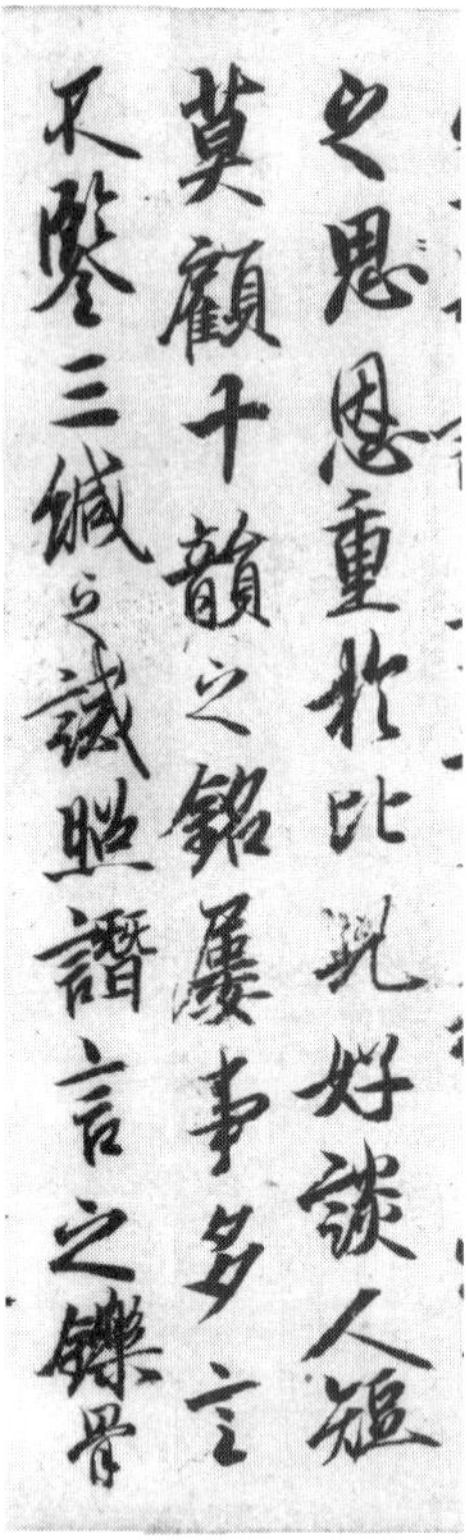

図9　国宝『聾瞽指帰』

好談人短。　好《はなは》だ人《ひと》の短《たん》を談《だん》じ、
莫顧十韻之銘。　十韻《じゅういん》の銘《めい》を顧《かえり》みること莫《な》し。
屢事多言。　屢《しば》しば多言《たげん》を事《こと》とし、
不鑒三緘之誡。　三緘《さんかん》の誡《かい》を鑒《かんが》みず。

四字句と六字句が繰り返されている。四六の典型的な例である。「好談人短」の四字句は、「莫顧十韻之銘」の六字句を隔てて「屢事多言」の四字句と対句を形成し、「莫顧十韻之銘」は「屢事多言」の四字句を隔てて「不鑒三緘之誡」の六字句と対句を構成している。このような形を隔句対《かっくつい》という。

対句は相対する語にもはたらきを同じくする対語《ついご》を用いる。名詞には名詞、動詞には動詞、形容詞には形容詞、副詞には副詞を同じ場所（語順）に置く約束である。具体的には「好」に対して「屢」、「談」に対して「事」、「顧」に対して「鑒」、「十韻」には「三緘」というように、一語一語が相対して置かれている。

この部分における重要な典故は、「十韻之銘」と「三緘之誡」にある。

後漢の崔瑗《さいえん》に『文選』が収める「座右銘《ざゆうのめい》」がある。自己を律する事柄を五言二十句の詩形にまとめたもので、偶数句の句末に押韻し、韻字の数はすべて十字となるので「座右銘」を「十韻之銘」としたのだ。この銘の冒頭の句に「人《ひと》の短《たん》を道《い》うこと無《な》かれ」とある。

「短」は、短所をいう。人の欠点をいうてはならぬ、という意。

「三緘之誡」は、孔子一門の逸話を記録したとされる『孔子家語《こうしけご》』に「孔子《こうし》、周《しゅう》に観《あそ》んで遂《つい》に太祖《たいそ》后稷《こうしょく》の廟《びょう》に入る。廟堂《びょうどう》の右階《うかい》の前《まえ》に金人《きんじん》あり。其《そ》の口《くち》を参緘《さんかん》す。しかして其《そ》の背《せ》に銘《めい》して曰《いわ》く、古《いにしえ》の言《げん》を慎《つつし》む人《ひと》なり。之《これ》を戒《いまし》めよや。多言《たげん》すること無《な》かれ」とあるによる。孔子が周に遊んで太祖后稷の廟堂に入ったときのこと、階段の前に銅像があって口を固くつぐんでいた。そこで孔子は像の背に書き付けて、「むかしのことばを慎んだ人である。これを戒めとせよ。多言してはならぬ」といったという意。

后稷は、周王朝の始祖の名。廟は、みたまや。金人は、銅像。参緘は、きつく封じること。口を固くつぐむ。典拠にいう「参緘」の「参」を「三」に改めたのは、対語「十韻」の「十」字に対応した工夫である。「多言」は、ことばが多いこと。古来多言は厳に慎むべきこととされる。

【訳】　いつも人の短所ばかりをあげつらって、崔瑗が「座右銘」で「人の欠点をいってはならぬ」といった戒めをかえりみず、いつもしゃべってばかりいて、孔子が古人は口を固くつぐんで沈黙したといったという戒めを考えてみようともしない。

「座右銘」を「十韻之銘」とし、「参緘」を「三緘」とするような改変は、空海独自の傑出した表現能力である。

ここは人の悪口をいい、べらべらしゃべって口数の多い蛭牙公子を鼈毛先生が戒めたのだが、典故を用いて説くのは、その意味の確かさと、理解の共通性を表現したものである。『聾瞽指帰』は、全篇を通じてこのような四六駢儷文の美文調を保ち、おおむねは典故をもつことばで綴る学識を誇っている。

序文は文学論

空海は『聾瞽指帰』の序文で、自己の文才を誇るかのように、力を込めて文学論を展開した。『三教指帰』が全面的に改変した部分で、偽撰問題の重要な意味をもつものであるから、ここは丹念に見ておかなければならない。

夫。　　　　　　夫《そ》れ、
烈飈倏起。起従虎嘯。　　烈飈《れつひょう》は倏《しゅく》として起《おこ》る。起《おこ》ることは虎《とら》の嘯《うそぶ》くに従う。
暴雨霶霈。霈待兔離。　　暴雨《ぼうう》は霶《ほう》として霈《はい》たり。霈《はい》たることは兎《うさぎ》の離《はな》るを待《ま》つ。

「夫」は、発語の辞。いわゆる句端である。重い文章の一篇をおこすにあたって意気を込めて発する語。いったいとか、そもそもというほどの意。

「烈飈」は、激しく突き上げるようなつむじ風。飈は「飆《ひょう》」の俗字。「倏」は、にわかに。

「虎嘯」は、虎がうそぶくと谷に風が生ずるという故事にもとづいた表現。

「暴雨」は、にわか雨。「霶霈」は、「滂沛」に同じ。「霶」も「霈」も雨がさかんに降るさま。「兔離」は、兎は月、離は隠れて遠ざかること。地に降る雨は天にある月があめふりの星座「畢《ひつ》」にかくれることで生ずるという意。

訳 そもそも、突き上げるようなつむじ風が突然起こるのは、虎がうそぶいて谷に風が生ずることで起こるもの。激しい雨がさかんに降るのは、月があめふりの星座「畢《ひつ》」にかくれることで激しく降るもの。

冒頭のこの四句は、ものごとの動きはすべて天地陰陽の原理に従って起こるということをまず述べる。

開口一声、意表をついて人を驚かせる。「烈風」ならば古典にいくらも用例があっていまも普通に使うことばだが、「烈飈」は検索が難しい。いかにも空海の感性がほとばしり出た表現で、初めのわずか二字であとに続く文章の質の高さを予感させる。偏と旁を逆転させて俗字を用いる手法にも、語法上書法上の独特な工夫がうかがえる。
第一句「烈飇倏起」の四字目に「起」の字を置いて「起る」と読ませ、その「起」を第二句の初めに配して「起從虎嘯」として「起ることは」と読ませた。同じように第三句「暴雨霶霈」の四字目に「霈」の字を置いて「霈たり」と読ませ、その「霈」を第四句の初めに配して「霈待兔離」として「霈たることは」と読ませた。このように上の句の句末の字を下の句の句首に置いて繰り返すのを「承逓法《しょうていほう》」といい、作文上の技巧の一つである。漢字がもつ音で音読しても、意味をとって訓読しても、そこに一定のリズムが生ずる効果をもつ。

是以。　　是《ここ》を以《もっ》て、
翽々丹鳳。翔必有由。　　翽々《かいかい》たる丹鳳《たんほう》、翔《か》けるに必《かなら》ず由有《よしあ》り。
蜿々赤龍。感縁來格。　　蜿々《えんえん》たる赤龍《せきりゅう》、縁《えん》に感《かん》じて来《きた》り格《いた》る。

「是以」は、そのようなわけで。前段の天地自然の道理を受けて次段につなぐ。「翽々」は、おおいに羽ばたくこと。「丹鳳」は、天子の詔、天子の宮殿をいうが、それは唐以降の用例でここにはあたらない。「丹」は、朱の色。「赤龍」の赤に対する。「鳳」は、鳳凰。

鳥類の王である。「有由」は、きちんとしたわけがある。『礼記《らいき》』楽記《がくき》篇の「凡《およ》そ音《おと》の起《お》こるや、人《ひと》の心《こころ》に由《よ》りて生《しょう》ずるなり」などをふまえる典故を用いた文である。「蜿々」は、くねり曲がること。「龍」は、生類の長。「鳳」とともにもっとも貴いものの象徴である。「感縁」は、機縁に感じる。「來格」は、やって来る。

【訳】そのようなわけで、貴い丹鳳が羽ばたき現われるのは、かならずそれにふさわしい理由があってのことであり、貴い赤龍がくねり曲がりながら現われるのは、機縁に感じて登り来るものである。

ここに象徴的にいう「赤龍」や「丹鳳」は、実在と考えられていた、いにしえの聖天子帝尭《ていぎょう》や帝舜《ていしゅん》を意識したものであろう。

是故詩人。　　是《こ》の故《ゆえ》に詩人《しじん》、
或倍宴樂。以奏娯意。　　或《ある》いは宴楽《えんらく》に倍《ばい》して、以《もっ》て娯意《ごい》を奏《そう》し、
或懷患吟。而賦憂心。　　或《ある》いは患吟《かんぎん》を懐《おも》いて、而《しか》して憂心《ゆうしん》を賦《ふ》す。
視賢能以馳褒讚。　　賢能《けんのう》を視《み》て以《もっ》て褒讃《ほうさん》を馳《は》せ、
愍愚惡而飛誡箴。　　愚悪《ぐあく》を愍《あわれ》んで而《しか》して誡箴《かいしん》を飛《と》ばす。

「是故」は、このようなわけで。前文をすべて受け、森羅万象には物に感じておこる必然があるという原理からして、詩人も機に臨んで詩を作るものであることをいう。「宴樂」は、酒宴の席、「娯意」は、その楽しい気持ち。「患吟」は、苦しみなげく。「憂心」は、憂える心。「賢能」は、賢者と能者。「褒讃」は、褒め称えること。「愚悪」は、おろかな者と非道な者。「誡箴」は、いましめること。

訳 このようなわけで、詩人は、酒宴の楽しい雰囲気にあえば、その気持ちを素直に詠じ、苦しく嘆く思いを抱いては、その憂える心を詩に表わす。立派な人柄の人と、ずばぬけた能力をもった人を見れば、これを称《たた》える詩を作り、愚かでどうしようもない者には、これを哀れんで戒めのことばを発する。

一句を四字で整え、隔句対を用いて議論をすすめ、最後は七字の対句でしめている。突如七字句とするのは、文章の作法を守って四字句を続けてきたが、そこにある単調さを打破することを試みたもので空海の感覚である。

用字はそのほとんどが『書経』『詩経』『礼記』などの儒教経典から、諸子《しょし》(もろもろの思想家)の『墨子《ぼくし》』、歴史書の『後漢書《ごかんじょ》』におよび、『文選』が収める漢代文人の諸篇などのいわゆる文選語に出典を見る。このわずかな一部を見ただけでも、二十四歳当時の空海の学識がいかに深く広かったかがわかる。

然。
人有工拙。詞有姸嗤。
曺建之詩。未免齟齬。
沈休之筆。猶多病累。

然《しか》れども、
人《ひと》に工拙《こうせつ》有《あ》り。詞《し》に姸嗤《けんし》有《あ》り。
曹建《そうけん》の詩《し》も、未《いま》だ齟齬《そご》を免《まぬが》れず。
沈休《しんきゅう》の筆《ひつ》も、猶《な》お病累《へいるい》多《おお》し。

「然」は、逆接。詩人はそれぞれの機縁に逢って詩を作るという前文を受けて、しかしながら。「工拙」は、上手と下手。「詞」は、ことば。「姸嗤」は、麗しいものと醜いもの。美醜。

「曺建」は、魏の曹子《そうし》建《けん》。四字句に作るために「子」の字をはぶいた。名は曹植《そうしょく》。『文選』に多くの詩が収録されるが、夫妻別離の悲しみを詠じた「七哀詩」がよく知られ、空海もそれが脳裏にあったと思う。「齟齬」は、くいちがい。批判的なことばだが、どこにくいちがいがあるかなどの具体的評価ではなく、行論上で置いた評語である。

「沈休」は、梁の沈休文《しんきゅうぶん》、名は沈約《しんやく》。「筆」は、文章。『文選』が収める「宋書謝霊運伝《そうじょしゃれいうんでん》論《ろん》」が具体的な対象となる。宋の謝霊運は多くの詩を残し自然詩人として高い評価を受けるが、沈約はこの文で詩作における音韻上の制約に言及していて、重要な意味をもつ文章である。「病累」は、欠点。北斉顔之推《がんしすい》の『顔氏家訓《がんしかくん》』文章篇、梁鍾嶸《しょうこう》の『詩品《しひん》』などに用例を見ることばで、いずれも詩文の表現上、華美に過ぎたり、質素に過ぎたりする欠点についていう。「病累多し」というのも、「齟齬を免れず」と同じで、のちに述べるように、空海は沈約の音韻に関わる議論に強い関心をはらっている。

【訳】しかしながら、詩人には上手と下手があり、詩のことばにも麗しいものと醜いものがある。魏の曹植の詩にさえかみ合わないところがあり、梁の沈約の文章においても欠点がある。

かくして序文は『遊仙窟』にいいおよぶ。

復有唐國張文成。着散勞書。　復《ま》た唐国《とうこく》の張文成《ちょうぶんせい》なるもの有《あ》り。散労《さんろう》の書《しょ》を着《あらわ》す。
詞貫瓊玉。筆翔鸞鳳。　詞《し》は瓊玉《けいぎょく》を貫《つらぬ》き、筆《ひつ》は鸞鳳《らんほう》を翔《か》けらす。
但恨。　但《た》だ恨《うら》むらくは、
濫縦淫事。曾無雅詞。　濫《みだ》りに淫事《いんじ》を縦《ほしいまま》にし、曾《かつ》て雅詞《がし》無《な》し。

面巻舒紙。柳下興歎。
臨文味句。桑門営動。

巻《かん》に面《むか》いて紙《かみ》を舒《の》ぶれば、柳下《りゅうか》は興歎《こうたん》し、
文《ぶん》に臨《のぞ》んで句《く》を味《あじ》わえば、桑門《そうもん》も営動《えいどう》す。

唐の張文成は既出。「散労」は、ほねやすめ。「散労書」は、『遊仙窟』を指していう。「詞」は、詩。そのことば。『遊仙窟』には仙女にかけた思いや、享楽の恍惚《こうこつ》を詩に託した部分が多くある。「瓊玉」は、美しい玉。「貫」は、連ねる。

「筆」は、文章。その筆はこび。「鸞鳳」は、鸞鳥と鳳凰。いずれも実在しない神鳥だが、空海はこの語を『文選』が収める魏の嵆康《けいこう》の「琴賦《きんのふ》」からとっている。「琴賦」には「(琴の音色を)遠《とお》くして之《これ》を聴《き》けば、鸞鳳《らんほう》の和鳴《わめい》して、雲中《うんちゅう》に戯《たわむ》るが若《ごと》し」とある。遠くから聴くと、鸞鳳がなごやかに鳴いて、雲中でたわむれているようだというのだが、「鸞鳳和鳴」は一人歩きして、夫婦の意にたとえ、夫婦和合の意に転じ、さらにはまた男女交合の意に用いられるようになっていく。『遊仙窟』に対する評語であるだけに、空海の意識のなかにそのようなイメージがはたらいていたのではないかと思う。

「濫」は、むやみに。やたらと。「縦」は、勝手きままに。「淫事」は、読んで字のとおり、わいせつなこと。「曾」は、「かつて」と訓じるが、ここでは過去にあったことをいうのではなく、「無」に強意をそえる助字で、「曾無」で「まったくない」。「雅詞」は、正しいことば。

「面巻舒紙」は、書物を開いて読んでみると。「柳下」は、春秋時代魯《ろ》国の人、柳下恵《りゅうかけい》。孔子が尊敬した賢人である。やはり四字句に整えるために「恵」一字をはぶいた。「興歎」は、慨嘆する。嘆きの心を起こす。

「臨文味句」は、文章をよくよく読むと、というほどの意。「桑門」は、沙門《しゃもん》と同じで、僧侶をいう。「營」は、乱れ惑うこと。「營動」で、戒律を守って情欲を抑制している僧の心が乱れてあたふたする。

【訳】また、唐の国に張文成という者がいて、ほねやすめの書『遊仙窟』を著わした。書中にある詩は美しい玉を連ねたようにすばらしく、文章は鸞鳥と鳳凰が空中に飛び舞うようなおもむきがある。ただ残念なことに、むやみにわいせつなことを気ままに書いて、まったく正しいことばというものがない。書物を開いて読んでみると、かの賢人柳下恵は慨嘆し、文章をよくよく読むと、僧は心が乱れてあわてふためく。

本朝日雄人。述睡覺記。　本朝《ほんちょう》の日雄人《ひおひと》、睡覚《すいかく》の記《き》を述《の》ぶ。

勝辯巧發。詭言雲敷。　勝弁巧《しょうべんたく》みに発《はっ》し、詭言《きげん》雲《くも》のごとくに敷《し》く。

遙聞彼名。　遥《はる》かに彼《か》の名《な》を聞《き》けば、

尸居之士。拍掌大笑。
僅對其字。
噤痖之人。張口舉聲。
並雖先人之遺美。未足後誡之準的。

尸居《しきょ》の士《し》も、掌《てのひら》を拍《う》ちて大《おお》いに笑《わら》い、
僅《わず》かに其《そ》の字《じ》に対《たい》すれば、
噤痖《きんあ》の人も、口《くち》を張《は》りて声《こえ》を挙《あ》ぐ。
並《なら》びに先人《せんじん》の遺美《いび》なりと雖《いえど》も、
未《いま》だ後誡《こうかい》の準的《じゅんてき》とするに足《た》らず。

「本朝」は、「唐國」の対語としておく。日本。「日雄人」は、「張文成」の対語であるから人名だが、未詳。江戸時代以来さまざまな人が追求してきたが、まだ手がかりをつかめていない。奈良県吉野の中千本にある真言宗醍醐寺派の大日寺《だいにちじ》は山号を日雄山《ひのうざん》といい、役《えんの》行者《ぎょうじゃ》の弟子日雄角乗《ひゆうかくじょう》が開創した日雄寺《ひゆうじ》の跡地に建てられたと伝えるが、関連性はまったくわからない。したがって「日雄人」は「張文成」の対偶として読んだだけで、正確な読み方ではない。「睡覺記」も、「散勞書」の対語として読んでおく。「睡覺記」なる書があったことを想定して理解されているが、はたしてどうであろう。「散勞書」が『遊仙窟』であったように、夢の中で見た滑稽譚をおもしろおかしく書き綴った別題の漢文小説であった可能性が高い。

「勝辯」は、すぐれた弁舌。「詭言」は、うそのことば。虚言。「尸居」は、しかばねのようにじっとしていること。『荘子《そうじ》』や『抱朴子《ほうぼくし》』に用例を見ることばで、道教的君子のあるべき姿。「噤瘂」は、口を閉じてものをいわないこと。「遺美」は、先人が残した立派なもの。「後誡」は、後の世の戒め。「準的」は、めあて。法則。

[訳]　我が国の日雄人（未詳）は、夢物語を書いた。すぐれた弁舌をたくみに発しているが、うそのはなしばかりだ。遠くにいてもその名を聞くだけで、いつもは静かにじっとしている人が手を打って大笑いし、間近にその字と向かい合うと、日ごろは口をつぐんでいる人も、口を大きく開けて思わず声を挙げてしまう。散労の書も睡覚の記も、ふたつながら先人が残した立派なものだが、どちらも後の世の戒めの手本とするには不十分だ。

余恨。　余《われ》、恨《うら》むらくは、
高志妙辯。妄乖雅製。　高志《こうし》妙《みょう》弁《べん》も、妄《みだ》りに雅製《がせい》に乖《そむ》くを。
加。　加《くわ》うるに、
歴山登樓。羞無孫王之巧。　山《やま》を歴《めぐ》り楼《ろう》に登《のぼ》りて、孫王《そんおう》の巧無《こうな》きを羞《は》じ、
臨江汎海。慨無木郭之才。　江《かわ》に臨《のぞ》み海《うみ》に汎《うか》びて、木郭《ぼくかく》の才無《さいな》きを慨《なげ》く。
將詠溺々之青柳。躓一言之莫中。　将《まさ》に溺々《じゃくじゃく》たるの青柳《せいりゅう》を詠《えい》ぜんとして、

欲賦瀌々之白雪。纏八病之有制。

如是歎息。非只一二。

一言《いちげん》の中莫《ちゅうな》きに躓《つまず》き、
瀌々《ひょうひょう》たるの白雪《はくせつ》を賦《ふ》さんと欲《ほっ》して、
八病《はちへい》の制有《せいあ》るに纏《まと》わる。
是《かく》の如《ごと》き歎息《たんそく》は、只《ただ》に一二《いちに》のみに非《あら》ず。

「余」は、一人称。われ。ここでの「余」は空海。「恨」は、残念に思う。「高志」は、気高いこころざし。「乖」は、そむく。「妙辯」は、すぐれた弁論。「妄」は、思慮分別もなく。いたずらに。「雅製」は、規範にするべき基本的な法式。『文心雕龍《ぶんしんちょうりゅう》』体性に「故《ゆえ》に童士《どうじ》の雕琢《ちょうたく》は、必《かなら》ず雅製《がせい》を先《さき》にす」とある。

「加」は、そのうえ。「歴山」は、山をめぐる。「登樓」は、高楼にのぼる。

「孫王」は、晋《しん》の孫綽《そんしゃく》と魏《ぎ》の王粲《おうさん》。孫綽に「登楼賦《とうろうのふ》」があり、王粲に「遊天台山賦（天《てん》台山《だいさん》に遊《あそ》ぶの賦《ふ》）」がある。「巧」は、たくみ。巧妙。

「臨江」は、大きな川を目の前にすること。「汎海」は、舟で海に浮かぶ。

「木郭」は、晋の木華《ぼくか》と郭璞《かくはく》。木華に「海賦《うみのふ》」があり、郭璞に「江賦《こうのふ》」がある。

「將」は、「〜しようとする」。「詠」は、詩を作ること。詩は実際に節をつけて歌われるので、その意味もふくまれる。

「溺々」の溺は、「溺死」などがいまも使用されているように、音は「デキ」、水没するの意。しかし水没したのではあとの「青柳」とのつながりがはなはだ危うくなる。「水没した青柳」では文句になるまい。

「溺」は、「弱」に通ず。このとき音は「ジャク」、意は「なよやか」。二字重ねて「弱弱」とすれば、なよなよとしたの意となる。「弱弱」とせずに「溺々」としたのは、対語となるつぎの「瀌々」に合わせたもので、空海の語法上あるいは書法上の強い美意識の現われである。

「青柳」は、やなぎ。晋の潘岳《はんがく》の「金谷《きんこく》の集《つど》いに作《つく》る詩《し》」に「緑《みどり》の池《いけ》は汎《なが》れて淡淡《たんたん》たり。青《あお》き柳《やなぎ》は何《なん》ぞ依依《いい》たる」とあるのにとる。潘岳の詩はまた『詩経』小雅の采薇《さいび》の詩にある「楊柳《ようりゅう》依依《いい》たり」にとる。「依依」は、柳の枝がしなやかに垂れる様子を形容した語である。これをもってすると、「溺溺」と「依依」は同義であって「溺々之青柳」は「依依之青柳」でよいが、そうはしないところが空海の文である。

「一言」は、ただ一言で。次の「中」の意味に関わる。『論語』為政篇に「詩三百《しさんびゃく》、一言《いちごん》以《もっ》て之《これ》を蔽《おお》えば」とあるのをふまえる。ただ一言で『詩経』約三百篇をおおいつくすという意。「莫」は、一句隔てた「有」の対語で「無」と同じ。「中」は、まんなか。正中、的中の「中」。孔子がわずか一言ですべてをいい得たことにいう。「莫中」は、そのような一言をもち得ないこと。「躓」は、つまずく。一つ事が成し遂げられないことにいう。

「欲」は、「〜しようとする」。「賦」は、「詠」と同じで詩歌を作ること。南朝宋の謝《しゃ》恵連《けいれん》の「雪賦《ゆきのふ》」にならった賦を作ろうとしたのでこの字を置いた。「瀌々」は、雪がさかんに降る様子の形容。

「八病」は、詩文を作るにあたって音声のうえで避けるべき八項目の禁忌。

八病の説は、梁の沈約が提唱したことに始まるとされる。四声論の確立と同時に沈約は前記「宋書謝霊運伝論」において詩文の音声上のあるべき姿に言及した。その主張はたちまち文人たちの間に広まり、さまざまな議論を生むに至った。思想、感情の雅正にうったえる美、筆写されるものであるから、用字表現など視覚にうったえる美、これらに加えて聞いて心地よい響きを与えて聴覚にうったえる美を追求する気運がたかまったのだ。

八病は、平頭《へいとう》・上尾《じょうび》・蜂腰《ほうよう》・鶴膝《かくしつ》・大韻《だいいん》・小韻《しょういん》・正紐《せいちゅう》・傍紐《ぼうちゅう》の名称でいわれ説明される。いま各項の詳述はひかえるとして、空海が唐から帰朝したのちに著わした『文鏡秘府論』の記述が、もっともよく整理された説明となっていることは記憶されてよい。

「如是」は、このような。「歎息」は、詩文を作るための学識や才能の不足に対する嘆き。

「非只」は、右記の嘆きが一度や二度ではなくもっと多くあることをいう。

【訳】 私は自分自身が、詩文に必要な気高いこころざし、絶妙の弁論という点でも、いたずらに基本の法式にそむいてばかりいることを残念に思う。

そのうえ、山をめぐり楼閣に登って詩文を作ってみるが、孫綽や王粲のような巧妙な表現力のないことを羞《は》じ、大きな川を目前にしたり海に浮かんだりしては、木華や郭璞のような才能に遠くおよばないことを嘆く。

しなやかな枝が垂れる柳を詩に読み込もうとしても、一言ですべてをいいつくすことばの足りなさにつまずき、さかんに降る雪の詩を作ろうとしては、音声上の避けるべき八つの制約にまといつかれて苦しむ。

このような嘆きを抱くことは、一度や二度ではない。

執筆の動機

大半を費やして文学論を展開した序文は、次に執筆の動機を述べる。

又忽視暴悪之児。愍其無教之所染。　又《また》、忽《たちま》ち暴悪《ぼうあく》の児《じ》を視《み》て、
其《そ》の教《おし》え無《な》きの染《そ》まる所《ところ》を愍《あわれ》む。

感意發於中懐。常涌心裏。　感意《かんい》中懐《ちゅうかい》に発《おこ》り、常《つね》に心裏《しんり》に涌《わ》けども、

聞見闕於外受。未列紙上。
譬如。
悪瘡未潰。籠鳥欲翔。
晝夜勸意。旦暮策憶。
故。
憑彼所之々文。
仰此言志之義。

聞見《ぶんけん》 外受《がいじゅ》を闕《か》いて、未《いま》だ紙上《しじょう》に列《つら》ねず。
譬《たと》えば～～如《ごと》し。
悪瘡《あくそう》の未《いま》だ潰《つい》えず、籠鳥《ろうちょう》の翔《かけ》らんと欲《ほっ》するが、
昼夜《ちゅうや》に意《い》を勧《すす》め、旦暮《たんぼ》に憶《おもい》を策《はげ》ます。
故《ゆえ》に、
彼《か》の之《ゆ》く所《ところ》の文《ぶん》に憑《よ》って、
此《こ》の志《こころざし》を言《い》うの義《ぎ》を仰《あお》ぐ。

「又」は、さらに。そのうえ。前段を受けて、それに加えて。「忽」は、たちまちと訓ずるが、意は、ふと。「暴悪之児」は、荒くれた子。具体的には、ここで教誨される蛭牙公子を指す。「愍」は、不憫《ふびん》に思う。「無教」は、正しい教えのないこと。ここでの正しい教えは、仏教をいう。「所染」の「所」は、受身の助動詞「る・らる」で読んでもよい。教えのない環境に染められて。

「感意」は、心に感じて思うこと。思い。どうにかしてやらねばという思い。「中懐」は、内心。「心裏」は、心の中。心中。「聞見」は、見聞に同じ。見たり聞いたりする。「闕」は、欠。欠ける。「外受」は、用例未詳で難解。外部の受けとめ方という意で解釈してお

く。「列」は、つらねる。ここは文字をつらねる。「紙上」は、紙面というに同じ。

「悪瘡」は、たちの悪いできもの。「未潰」は、つぶれそうで潰れない状態。

「籠鳥」は、籠《かご》の鳥。「欲翔」は、籠の鳥が大空に飛び出そうとして飛び出せない状態をいう。「晝夜」は、「日暮」も同じで一日中。「勸意」は、「策憶」も同じで書かなければならないという思いをはげましている。この二句はおなじことを繰り返して述べたもの。

「故」は、このようなわけで。「憑」は、たよりとする。「所之」は、こころざしのゆくところ。『詩経』の序に「詩《し》は志《し》の之《ゆ》く所《ところ》なり。心《こころ》に在《あ》るを志《し》と為《な》し、言《げん》に発《はっ》するを詩《し》と為《な》す」とあるのをふまえる。まず心に高いこころざしがあり、そのこころざしのことばに表われたものが詩であるというのは、古来、文人たちが詩文を作るときの大前提であり、大法則であった。それが作詩・作文の大義であり、大義にのっとった文ということで、これをたよりとするのだ。

「仰」は、たのみとするの意。こころざしが発せられてことばになる大義をたのみとして、ここに思いきって文を書くという意志を表わす。

訳　そのうえ、ふと荒くれた子が正しい教えのない環境に染められているのを不憫に思い、どうにかしてやらねばという思いが内心におこり、いつも心の中に湧き出ているのだが、自分の見聞する範囲では、このような文章を書いて、それが外でどのように受け入れられるかという判断に欠けるところがあって、まだ紙面に書きそこねている。

書けないでいるのはたとえば、悪いできものが潰れそうでまだつぶれない、籠に閉じ込められた鳥が空を飛びたいと思い続けているようなもので、昼も夜も思いをはげまし、朝も暮れも思いをはげましている。

このようなわけで、かの思いのおもむく文章ということをたよりにし、このこころざしをことばにするという大義をたのみとして、ここに思いきって文を書くことにする。

要するに、できの悪い蛭牙公子を教えさとさなければならないという思いがあり、その思いはつのるばかりで爆発寸前にまで至った。この強い思いがこころざしというもので、こころざしのおもむくところ、必然として文章を書かなければならなくなったというのが執筆の動機であるという。ここでの動機は文学論の延長線上にあるものだが、真の動機については、本書「五、空海伝をめぐる諸問題」で詳しく検討する。

文学論を終えた序文は、次に本書全体の結構を予告し、書き終えた満足感を述べ、題名を記す。

請鼈毛以爲儒客。
求兎角而作主人。
訝虚亡士。張入道旨。
屈假名児。示出世趣。
倶陳楯戟。並誨蛭公。
蔑尓蹋發。潰思瘡之膿。
慢凌隔句。縦籠中之鴟。
勒成一巻。名曰聾瞽指歸。

鼈毛《べつもう》を請《こ》いて以《もっ》て儒客《じゅきゃく》と為《な》し、
兎《と》角《かく》を求《もと》めて而《しこう》して主人《しゅじん》と作《な》し、
虚亡士《きょむし》を訝《むか》えて、入道《にゅうどう》の旨《むね》を張《は》り、
仮名児《かめいじ》を屈《くっ》して、出世《しゅっせ》の趣《おもむき》を示《しめ》す。
倶《とも》に楯戟《じゅんげき》を陳《つら》ねて、並《なら》びに蛭公《しっこう》を誨《おし》う。
蔑爾《べつじ》たる蹋発《とうはつ》は、思瘡《しそう》の膿《うみ》を潰《つい》やし、
慢凌《まんりょう》たる隔句《かくく》は、籠中《ろうちゅう》の鴟《ふくろう》を縦《ほしいまま》にす。
勒《ろく》して一巻《いっかん》と成《な》し、名《な》づけて聾瞽《ろうこ》指帰《しいき》と曰《い》う。

「鼈毛」は、架空の鼈毛先生。「儒客」は、儒教の賓客。「鼈」は、すっぽんのことだが、鼈毛は使用例を見ず、「亀毛」を空海流に改めた表現。亀毛は次の「兎角」とならんで『大般涅槃経《だいはつねはんぎょう》』『金光明《こんこうみょう》最勝《さいしょう》王経《おうきょう》』『大智度論《だいちどろん》』などの仏典に多くの用例を見る。亀に毛はなく兎に角はないことから、有名無実、あるいはあり得ないものにたとえる。「兎角」は、兎角公。「主人」は、激論の場を提供する主人。「訝」は、迎える。「虚亡士」は、虚亡隠士。虚亡は虚無に同じで、虚無は仏典にも多くの用例を見るが、ここは道教の根本原理をいう虚無とした方がよい。老子や荘子の思想は、有とか無とかいう相対の世界を超越した境地を究極の目的とするのであって、その道を説く代表者として虚亡隠士が設定されている。「入道」の道は、道教をいう。「旨」は、趣旨。

「假名児」は、この文の主人公仮名乞児。仮名も仏教用語でそのときは「ケミョウ」と発音する。実相の対語。一切の言説は仮名だが、それに借りなければ実相を伝えることができない。したがって仮のことばを使って仏法を説く者という意で主人公の名とした。「乞児」は、貧窮乞食の人。これも仏教者のスタイル。「出世」本来の意は、仏が衆生を救済するためにこの世に生まれ出ること。一般に俗世間から出ることにもいう。要するに仏教である。

「楯戟」は、たてとほこ。ここでは三教それぞれがもつ鋭い理論にたとえる。「蛭公」は、暴虐の児蛭牙公子。「蛭牙」の蛭は、水中に住む小虫の蛭《ひる》。蛭は人間や動物の血を吸う嫌われものだが、『金光明最勝王経』に、水蛭虫《すいしつちゅう》の白い歯が大きくなって鋒《ほこ》になったという寓話がある。「蛭牙」の名はこれにとったもの。

「蔑尓」は、相手を軽くみること。蔑視。「蹋發」は、次の「隔句」の対語であるから、文章や句法に関わる意味をもつ語であろう。「蹋」は、「踏」に同じで、「蹋地」「蹋歌」「踏地」「踏歌」はいずれも地を踏んで拍子をとりながら歌う意。蹋歌は地を踏んで拍子をとってうたう歌という意味がある。「發」は、「おこす」と読んで詩文を制作することをいい、「はっす」と読んで歌唱することをいう。これらの字意からすれば、韻文あるいは詩歌というほどに解して大きな誤りはない。具体的には「観無常賦」「生死海賦」「十韻詩」などの韻文を暗に指しているかと思う。したがって「蔑尓蹋發」は、相手を軽くみて、いいたいことを思いきりいえた詩文というように解釈できる。

「思瘡之膿」は、先に蛭牙公子を教誨してやらなければという思いをたとえて「悪瘡の未だ潰えず」といったできものの膿。ここはその思いの中のできものをつぶして膿を出しきったということ。

「慢凌」は、「慢」も「凌」も自らを高くして相手を軽くみること。あなどる。「蔑尓」と同じ意である。「隔句」は、隔句対で、つまりは対句。書き綴った文章を指していい、この文章に対する自信がみなぎっている。

「籠中之鵄」は、これも先に「籠鳥の翔らんと欲するが如し」といったのと同じように籠の中のふくろう。「籠鳥」のときは籠に飼われた小鳥かと思うが、空海が自らを肉食の猛禽ふくろうにたとえているところが面白い。ともあれ「縦」は、籠から解き放たれて自由気ままに大空を飛び回るということであるから、教誨し終えたこと、要するに文章を書ききった達成感をいう。

「勒成一巻」の「勒」は、石に刻むこと。転じて書物を編纂するの意に使われる。ここに先立つ用例として『南史』孔休源《こうきゅうげん》伝に「凡《す》べて奏議《そうぎ》弾文《だんぶん》を、勒《ろく》して十五巻《じゅうごかん》と成《な》す」とある。

〔訳〕 鼈毛先生にたのんで儒教の賓客とし、兎角公に求めて討論の場の主人になってもらった。虚亡隠士を迎えて道教の教旨を説いてもらい、仮名乞児に頭をさげて、仏教の趣旨を示してもらう。

それぞれが鋭い理論を述べて、道理にうとい蛭牙公子を教えさとした。

相手を軽くみたような詩文は、心のうちにあったできものの膿を出しつくし、相手を見下したような対句は、籠に飼われたふくろうを勝手気ままに飛びたたせた。

ここに書をまとめて一巻とし、名づけて聾瞽指帰という。

四六駢麗文のできばえに自信満々の姿勢を示した序文は、次いでいささか謙遜の辞を述べる。

但恐。　　　　　　但《た》だ恐《おそ》る、

翔鳳之下。蟭螟舒翼。　翔鳳《しょうほう》の下《もと》、蟭螟《しょうめい》　翼《つばさ》を舒《の》べ、

霹靂之中。蚊響不息。　霹靂《へきれき》の中《なか》、蚊響《ぶんきょう》　息《や》まざらんことを。

非願聶鍾之見聞。
但憑郭處之知己耳。
仰望。
若有握巻解綺之人。
先砥斤斧。破弃瓦礫。
面紙瞻文之士。
宿韞蘭蓀。必代葷莠。
蓋乖此制。科罪有差。

夔《き》鐘《しょう》の見聞《けんぶん》を願《ねが》うに非《あら》ず。
但《た》だ郭処《かくしょ》が知己《ちき》に憑《よ》るのみ。
仰《あお》ぎ望《のぞ》むらくは、
若《も》し巻《かん》を握《にぎ》って綺《き》を解《と》くの人有《ひとあ》らば、
先《ま》ず斤斧《きんぷ》を砥《と》ぎて、瓦礫《がれき》を破棄《はき》し、
紙《かみ》に面《めん》して文《ぶん》を瞻《み》るの士《し》あらば、
宿《あらかじ》め蘭蓀《らんそん》を韞《つつ》みて、必《かなら》ず葷莠《くんゆう》に代《か》えんことを。
蓋《けだ》し此《こ》の制《せい》に乖《そむ》く。科罪差《かざいさ》有《あ》らん。

「恐」、謙遜の辞。心配する。以下の文はすべて謙遜の辞をつらねる。「翔鳳」、鳳が天空を飛ぶ。鳳は既出。想像上の大鳥で鳥類の長。「蟭螟」は、蚊のまつ毛に巣をつくるほどの微小な虫。「霹靂」は、激しく鳴る雷。「蚊響」、蚊が羽ばたく音、鳴き声。小さなことのたとえ。

「聶鍾」、「聶」は「夔」。聖天子舜の賢臣の名。「鍾」は「鐘」に通ず。打楽器。夔は音楽で仕え、よく鐘の音を聞き分けた。「郭處」は、斉《せい》の南郭処士《なんかくしょし》。自らは楽器の竽《う》（ふえ）を吹くことがうまくなかったが、いつわって大勢の竽師《うし》に紛れ込んで厚禄を得た。「憑」

は、たよりにする。「知己」は、自分を知ってくれる人。「仰望」は、あおぎのぞむ。希望を丁寧にいう表現。「若有」は、仮定の辞。「もし～～があるなら」。「握巻」は、書物を手にとること。「解綺」、「綺」は、あや絹。ここでは巻物を巻いた紐の意。「斤斧」は、まさかりとおの。「砥」は研《と》ぐで、ここではつまらぬ文章をばっさり切るために、まさかりとおのを研いでおくこと。「瓦礫」は、文章のまずいところにたとえる。「弃」は、「棄」と同じ。

「面紙」は、紙面に向かう。「瞻文」は、文章を読む。「宿」は、あらかじめ。「韞」は、包む。ふところに包み持つ。「蘭蓀」、蘭・蓀ともに香草の名。「葷莠」は、葷はくさい野菜で、にんにく、にらの類。「莠」は、はぐさ。稲に似て稲を害する植物。ただしここでは「蘭蓀」との対比上に、にんにくと同じように悪臭をもつものに擬するか。「葷莠」で自分の悪質な文章にたとえる。

「蓋」は、けだしと読んで、「～～だろう」。「制」は、作文上の約束ごと。「科罪」は、罪の軽重を定める。

訳 ただ心配するのは、この文章が大鳥の下で目に見えないほどの小さな虫が羽を広げている程度、雷が激しく鳴るなかで蚊が鳴くほどの小さなものであることだ。夔のような立派な人に見てもらおうとは思わぬ。南郭処士ほどの自分を知ってくれる気軽な人に読んでもらえればよい。

ひたすら望むに、もし本書を手に取って開いてくれる人があるなら、まず批評のまさかりとおのを研いで用意し、つまらぬくずを捨ててほしい。

この文章を読んでくれる人は、あらかじめ香草をふところに包み持って、悪臭をはなつものと代えていただきたい。

それにしても作文上の作法にそむくことは多々あり、その罪の軽重はいろいろあるかと思うが、その責任はすべて自分にある。


以上が『聾瞽指帰』序文の全容である。美麗な四六駢儷文で一貫していること、大半が文学論で占められ、仏教に関わる記述がまったくといっていいほどにないこと、謙遜の裏につきない知識に満ちた強烈な個性があることを、あらためて記憶にとどめておきたい。

序文を書き終えたのち、次の年紀を記入している点にも注意が必要だ。

于時平朝御宇聖帝瑞号延暦十六年窮月始日
時《とき》に平朝《へいちょう》の御宇《ぎょう》　聖帝《せいてい》の瑞号延暦《ずいごうえんりゃく》　十六年窮月始《きゅうげつし》日《じつ》なり

平安なる朝廷の天下を治める高徳の天子が定めためでたい年号延暦十六年十二月一日なり、というほどの意味で、これほど大げさで丁寧な表記はきわめてめずらしい。

過ぎるほどに丁重なこの年紀を真筆本に照らしてみると（図10）、「御宇」の下二字ほどを欠き、改行して「聖帝」を行頭に置いている。天皇など敬うべき人名の上の字を欠くことを闕字《けつじ》といい、改行して隣の行と並べることを平出《へいしゅつ》という。平出の方が敬う程度が高くなるが、これは唐の律令格式をまとめた『唐六典』に規定された文章作法で、「聖帝」と書けば必然として改行しなければならない。むしろ「平朝」「御宇」「聖帝」「瑞号」と書きつらねた特異な表現に注目される。

一語一語はわかりやすいことばだが、念のために辞書を引いてみると、「御宇」と「聖帝」は古い用例があるものの、「平朝」と「瑞号」は存外使用例の検索に苦しむ。

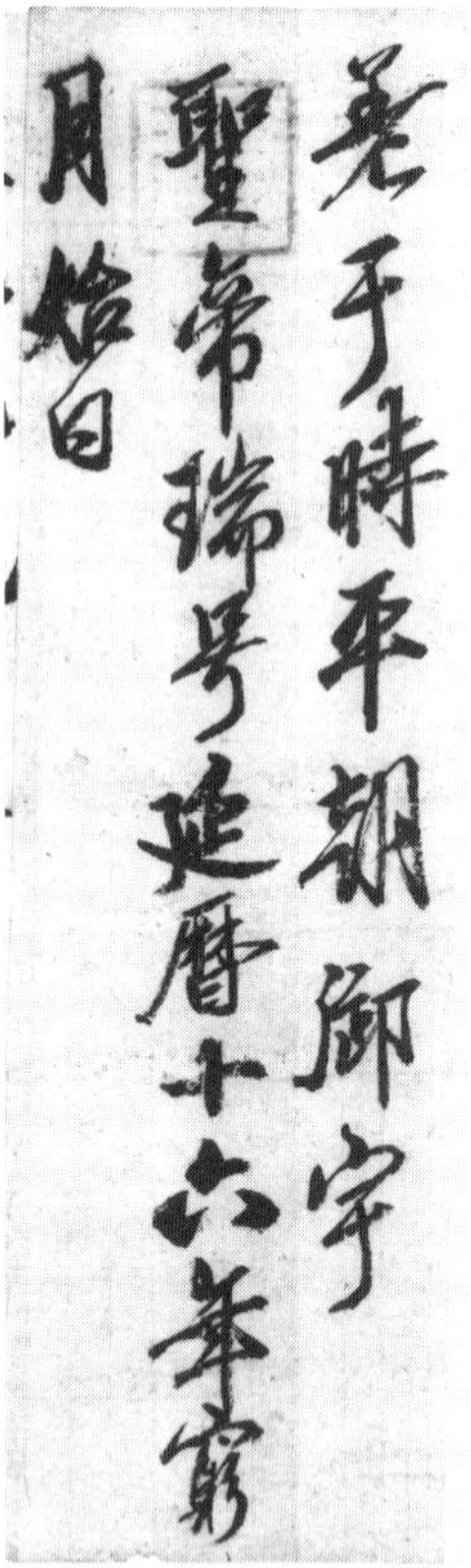

図10　国宝『聾瞽指帰』

延暦十三年（七九四）十月、桓武天皇は平安京に遷都した。三年後に文章を書いた空海は、その慶事に敬意をはらって「平朝」と字を置いたのだ。平安の「平」なのである。空海の細やかで大胆な用字の手法がうかがえる。

十韻詩の導入部

巻末の「十韻詩」は一篇の総括である。その総括に先立って、仮名乞児が説く仏教深奥の説に感服した鼈毛先生・虚亡隠士らが、懸命に「十韻詩」を請う姿が描かれる。『聾瞽指帰』本文最後の文章である。

吾等。幸遇優曇之大闍梨。厚沐出世之㝡訓。誰昔未聞。後葉豈有。吾若不幸。不遇和上。永沈現欲。定没三途。今僅蒙提撕。身心安敞。

吾《わ》れ等《ら》、幸《さいわい》に優曇《うどん》の大闍利《だいじゃり》に遇《あ》い、厚《あつ》く出世《しゅっせい》の最訓《さいくん》に沐《もく》す。誰昔《むかし》にも未《いま》だ聞《き》かず。後葉《こうよう》にも豈《あ》に有《あ》らんや。吾《わ》れ若《も》し不幸《ふこう》にして、和上《わじょう》に遇《あ》わざれば、永《なが》く現欲《げんよく》に沈《しず》み、定《さだ》んで三途《さんず》に没《ぼっ》せん。今僅《いまわず》かに提撕《ていし》を蒙《こうむ》って、身心安敞《しんしんあんしょう》なり。

「優曇」は、優曇華《うどんげ》。三千年に一度花を開くといい、逢いがたいことにたとえる。「大闍利」、大は形容の辞。闍利は阿闍梨《あじゃり》。弟子の模範となる高僧。「出世」は、俗世間を離れること。「出世之寂訓」、「寂」は「最」。俗世間を離れるためのもっともよい教え。すなわち仏教をいう。「誰昔」は、二字でむかし。「後葉」は、後世というに同じ。「和上」は、和尚。「現欲」は、現前の欲界。色《しき》・声《しょう》・香《こう》・味《み》・触《そく》の五欲にまみれた世界。「三途」は、地獄・餓鬼・畜生のいまわしい道。「提撕」は、教え導くこと。「身心安敞」は、身は安らかに、心は広々すること。「敞」は、「広」の意。

[訳] われわれは幸いにも遇いがたい大導師にお会いできて、丁重に俗世間から出るもっともすぐれた教えをいただきました。このようなことは、むかしにも聞いたことがなく、のちにあろうはずもありません。もし不幸にして和上に遇わなかったならば、永遠に眼前の欲望の世界に沈み込み、かならずや地獄・餓鬼・畜生の道に埋没してしまっていたことでしょう。いまかろうじて和上の教えに導かれて、身は安らかに、心は広々としています。

譬如震霆發響。蟄岐開封。朝烏轉輪。幽闇氷渙。彼周孔老壮之教。何其偏膚哉。

譬《たと》えば、震霆響《しんていひびき》を発《はっ》し、蟄岐封《ちっきほう》を開《ひら》き、朝烏輪《ちょううりん》を転《てん》じ、幽闇氷《ゆうあんこおり》の渙《と》くるが如《ごと》し。彼《か》の周孔老壮《しゅうこうろうそう》の教《おしえ》、何《なん》ぞ其《そ》れ偏膚《へんぷ》なるや。

「震霆」は、雷。「震霆發響」は、仲春の月に雷が鳴り響くこと。「蟄蚑」は、蟄虫というに同じ。土中に冬ごもりしている虫をいう。「蟄蚑開封」は、冬ごもりしていた虫が土中から出てくることをいう。いずれも『礼記』月令篇の記述にもとづいたことばだ。「朝烏」は、朝の太陽。「轉輪」は、太陽がとどこおりなく運行すること。「幽闇」は、くらやみ。「氷渙」は、氷が解け散ること。「周孔」は、周公と孔子。周公は名を旦といい、周王朝を創始した武王の弟。武王が亡くなると幼少の二代成王を摂政して功績があり、孔子が生まれた魯国の開創者となった。孔子が理想とした人物で、「周孔」というときは儒教を指していう。

「老壮」は、老子と荘子、すなわち道教をいう。「偏膚」の偏は、かたよって小さいこと。「膚」は、表面的で浅薄なこと。

[訳]（いまの気持ちを）たとえていえば、春雷の響きとともに長く冬ごもりしていた虫が土の扉を開いて外に出、朝の太陽の光を受けて、暗闇が氷解して明るくなるようなものです。あの儒教や道教の教えが、かたよった表面的なものに過ぎないことがよくわかりました。

而今而後。剝皮爲紙。折骨造豪、刺血代鉛。曝髑用研。敬銘大和上之慈誨。戴充生々之航路。

而今而後《じこんじご》、皮《かわ》を剝《は》ぎて紙《かみ》と為《な》し、骨《ほね》を折《お》りて豪《ふで》を造《つく》り、血《ち》を刺《さ》して鉛《すみ》に代《か》え、髑《かばね》を曝《さら》して研《すずり》に用い、敬《つつし》んで大和上《だいわじょう》の慈誨《じかい》を銘《しる》して、戴《いただ》いて生々《せいせい》の航路《こうろ》に充《あ》てんと。

「而今而後」は、これよりのちは。「剝皮爲紙」は、自分の皮膚を剝いで教えを書き取る紙とすること。「折骨造豪」は、豪は筆。骨を折り取って筆を造ること。「刺血代鉛」は、鉛は絵の具。ここでは墨の意にとる。血を刺し取って墨とすること。「曝髑用研」は、髑はされこうべ、すなわち頭蓋骨《ずがいこつ》。研は硯《すずり》。肉体を傷めて犠牲とする激しいいいまわしだが、きっちりとした対句で綴るこの部分はやはり出典をもつ。『華厳経』巻四十に毘盧遮那如来《びるしゃなにょらい》が身命を賭《と》して写経するさまが描かれている文句によっている。ただし『華厳経』の記述は「剝皮為紙」「折骨為筆」「刺血為墨」の三句までで、「曝髑用研」を加えて四句に整えたのは空海の感性である。「慈誨」は、慈悲に満ちた教え。「生々」は、生まれかわり生まれかわること。後々まで。「航路」は、悟りの世界に渡る船のみちすじ。

[訳] これよりのちは、我が身の皮を剝いで紙とし、骨を折って筆を造り、血を刺し取って墨にかえ、されこうべをさらして硯に使うほどの心をもって、つつしんで大和

上の慈悲深い教えを書き記し、後々の世までのみちすじとしたいと思います。

かくして仮名乞児は「それぞれもとの座にもどれ。これから儒・道・仏三教の肝要をひとまとめにする十韻の詩を示し、あなたたちの歌とはやしに代えることとしよう」といって、「十韻詩」が導かれる。

十韻詩

作心漁孔教　心《こころ》を作《な》して孔教《こうきょう》を漁《あさ》り
馳憶狩老風◎　憶《おもい》を馳《は》せて老風《ろうふう》を狩《か》る
雙營今生始　双《なら》びに今生《こんじょう》の始《はじめ》を営《いとな》み
並怠來葉終◎　並《なら》びに来葉《らいよう》の終《おわり》を怠《おこた》る

（◎は押韻字）

「孔教」は、儒教。「老風」は、道教。「雙」「並」は、いずれも儒教と道教の二教を指す。「今生」は、この世。「來葉」は、来世。

【訳】心を使って儒教の聖人の道を学び、思いをはせて道教の仙人の道を追い求める。しかし、いずれもこの世の初めをつとめるばかりで、肝心の来世の終わりをなおざりにしている。

方現種覺尊　方《まさ》に現《げん》ず　種覚《しゅかく》の尊《そん》
圓寂一切通◎　円寂《えんじゃく》にして一切《いっさい》に通《つう》ず
誓深梁溺海　誓《ちかい》は深《ふか》くして溺海《できかい》に梁《りょう》たり
慈厚灑焚籠◎　慈《いつくしみ》は厚《あつ》くして焚籠《ふんろう》に灑《そそ》ぐ

「種覺」は、一切の法において円満に悟っていること。『法華文句《ほっけもんぐ》』に見ることば。「尊」は尊者。仏陀。「圓寂」は、生死の苦を離れてすべてを具足していること。仏陀の現にある姿を表現して多くの仏典に見る。「誓」は、仏陀の一切衆生を救うという誓い。「梁」は、橋。「溺海」は、生死《まよい》の苦海。「慈」は、慈悲。
「焚籠」は、煩悩の火に焼かれる籠。人は籠の鳥のようにそこから飛び離れることができない。

【訳】時まさに、悟りをひらいた尊者が現われた。生死の苦を離れて円満、すべてに通じていらっしゃる。仏陀の誓いはどこまでも深く、まよいの苦海に救いの橋をかけ、慈しみの心はどこまでも厚く、煩悩の炎に焼けこがれる籠に水をそそいでくださる。

悲普四生類　悲《あわれみ》は四《し》生《しょう》の類《るい》に普《あまね》く
恤均一子衆◎　恤《めぐみ》は一子《いっし》のごとく衆《しゅう》に均《ひと》し
誘他専爲業　他《た》を誘《いざな》うを専《もっぱ》ら業《ぎょう》と為《な》し
勵己兼作功◎　己《おのれ》を励《はげ》まして兼《かね》て功《こう》を作《な》す

「悲」は、慈悲。「四生」は、生きるものすべて。もとの義は、生き物の生まれ方を胎《たい》生《しょう》・卵生《らんしょう》・湿生《しっしょう》・化生《けしょう》の四種類に分類したもの。「恤」は、めぐみ。「一子」は、自分の一人子。「衆」は、衆生《しゅじょう》。大衆。ここは『涅槃経』巻十九に「誰《だれ》か安穏《あんのん》の眠《ねむ》りを得《え》たる。いわゆる慈悲《じひ》は、常《つね》に修《おさ》めて放逸《ほういつ》せず。衆《しゅう》を視《み》ること一子《いっし》のごとし」などとあるのをふまえる。「業」は、仕事。「功」は、「功業」と熟してしごとの意だが、めぐみと解してもさしつかえない。

[訳]　慈悲は生命あるもののすべてにゆきわたり、めぐみはおのが子と同じように衆生に等しくそそがれる。人を仏道に導くことをもっぱらの仕事とし、たゆまずおのれを

はげましてそれがそのまま衆生へのめぐみとなる。

汎濫船六度　汎濫《はんらん》には六度《ろくど》を船《ふね》とし
⿱者飛抜車兩空◎　⿱者飛抜《しょばつ》には両空《りょうくう》を車《くるま》とす
能浄翔寥覺　能浄《のうじょう》は寥覚《りょうかく》に翔《かけ》り
悪濁泳塵夢◎　悪濁《あくじょく》は塵夢《じんむ》に泳《およ》ぐ

「汎濫」は、水があふれること。あふれるほど多くいる衆徒をいう。「船」は、目的の境地に至るための乗り物として比喩的にいう。「六度」は、六波羅蜜《ろくはらみつ》。布施《ふせ》・持戒《じかい》・忍辱《にんにく》・精進《しょうじん》・禅定《ぜんじょう》・智慧《ちえ》の彼岸に至るための六つの修行法。「⿱者飛抜」は、用例未詳。「⿱者飛」は、「翥」に同じで、飛びあがるの意。多くの衆徒から高く飛び抜けたものの意か。「車」は、前の船と同じ比喩的表現。船は数人が乗れるが、車はせいぜい一二人までで、修行の程度の深さを表わしている。「兩空」は、我空《がくう》と法空《ほうくう》の二空。我空は、人空、生空ともいい、個人を成立させている実体そのものが空無であるとする理論。法空は、一切の事物そのものが空無であるとする理論。空の教えは、物に執着しておこる妄見や妄情をはらい除くところにある。

「能浄」は、智慧・持戒をもって清浄であること。多くの仏典に見る。「寥覺」は、出典未詳。「寥」は、広く大きいこと。「覺」は、覚地、すなわち悟りの境地と解しておく。「悪濁」は、濁悪に同じ。対語の意識から「能浄」の浄字に対して濁字を置いた。『観無《かんむ》量寿経《りょうじゅきょう》』に「仏滅《ぶつめつ》した後《のち》、諸《もろもろ》の衆生等《しゅじょうら》は、濁悪《じょくあく》不善《ふぜん》にして、五苦《ごく》の逼《せま》る所《ところ》となる」とある。その注釈書『観無量寿経疏《しょ》』に「濁悪《じょくあく》は、濁《じょく》は五濁《ごじょく》なり。一《いち》は見《けん》、二《に》は煩悩《ぼんのう》、三《さん》は衆《しゅ》生《じょう》、四《し》は命《みょう》、五《ご》は劫《こう》なり。悪《あく》は十悪《じゅうあく》なり。殺《さつ》、盗《とう》、淫《いん》、妄語《もうご》、悪口《あっく》、両舌《りょうぜつ》、綺語《きご》、貪《とん》、瞋《しん》、邪見《じゃけん》なり」とする。「塵夢」は、塵に汚れた夢。この世のいまわしい世界。

[訳] あふれるほどの衆徒には、彼岸に渡るための六つの修行法を与え、すぐれて抜け出た者には、我空・法空の肝心の真理を学ばせる。

修行がなって心身清浄なる者は、広々とした悟りの世界を思うがままにかけめぐり、汚れと悪行の中にいる者は、いまわしい世界にもがきあえぐが道理。

兩諦非殊處　両諦《りょうたい》は殊処《しゅしょ》に非《あら》ず
一心爲塞融◎　一心《いっしん》は塞融《そくゆう》を為《な》す
庶幾擾々輩　庶幾《こいねがわ》くは擾々《じょうじょう》の輩《ともがら》
速仰如如宮◎　速《すみ》やかに如々《にょにょ》の宮《きゅう》を仰《あお》がん

「兩諦」は、真俗二諦《しんぞくにたい》。「諦」は、真理の意。真諦は、究極の真理。俗諦は、世俗の真理。世俗にあってもいつわりのないものは真理であって、その世俗の真理を使わなければ真諦を伝えられないのであるから、俗諦も重要な要素として考える。「殊處」は、その意味するところを異にする。ここはそれが「非」字によって否定されるので、異ならないの意となる。「一心」は、一つの心。「塞融」は、閉じたり開いたりすること。「庶幾」は、「こいねがわくは」と訓じて、願望を表わす常套語。「擾々」は、乱れているさま。「如」は、万物の真のすがたをいい、実相《じっそう》・法性《ほっしょう》・真如《しんにょ》などともいう。「如」一字でよいが、実相や真如は何にもどこにも存在するので、「如々」の二字にした。仏典に多くの用例を見る。

訳 真俗二諦は意味するところを異にするものではなく、一つの心が閉じたり開いたりするのと同じことなのだ。

（仏法はかくも奥深くすべての真理をつつみこむ大きな教えであるから）こいねがわくは、乱れたまよいの中にいる人々よ、速やかに真如の宮殿を仰ぎ見て心をよせたまえ。

「これから儒・道・仏三教の肝要をひとまとめにする」といって示された十韻二十句の詩は、初めの四句において儒教と道教の二教を、来世を考えない次元の低い教えであるとしてしりぞけた。儒教には書物を渉猟して学ぶという一面がある。道教には現在に語られる老荘思想という概念よりも、仙人を目指すという現実的な印象が強くある。仙人になるためには山深く入り、仙薬を探し求める必要があった。「孔教を漁り」「老風を狩る」という表現にはそのようなことからの連想がはたらいており、「漁」「狩」の用字に、仏教との優劣の差がはっきり表われている。

わずか四句で儒教と道教を簡単にしりぞけた後の十四句は、すべて仏教の説くところによってその優位性を詠じ、最後の二句で仏道への勧誘を強調して一篇を終える。全体の構成は詩の直前に述べる亀毛先生、虚亡隠士らに対する記述と緊密な連続性を保ち、前文との間に自然な文脈の推移がうかがえる。

中国では古代から儒教と道教が固有の思想であった。儒教は社会の秩序を保つのに必要であり、道教は秩序の窮屈から離れて自由な世界を求めるために有効であった。両者の折り合いはついていたのだ。そこへ仏教がインドから入ってきた。外国からの思想移入に強い抵抗感をもつ風土からすれば、迷惑以外のなにものでもない。おのずからさまざまな摩擦が生じ、三教の優劣論は早くから起こり、仏典の漢訳が進むにつれて三教論争は激しさを増した。六朝時代から隋・唐にかけて熾烈さを増し、唐の道宣が『広弘明集《こうぐみょうしゅう》』などを著わし、その他の議論集も相次いで現われて論争は最盛期を迎えた。

日本では奈良時代、平安初期に仏教はさかんに行なわれ、仏教擁護の立場でそれまでの仏教優位の議論を集めた『広弘明集』などが強い影響を与えた。三教論争はすでに相互の主張というよりも、仏教最勝を説く議論であったのだ。空海が学んだ時代はそのような風潮にあった。

詩の形式は五言古詩。二十句は、それぞれ二句一連が対句を構成し、偶数の句末、風・終・通・籠・衆・功・空・夢・融・宮の十字が押韻の字である。こんにち韻をいう場合は、十三世紀に成立した「平水韻《へいすいいん》」を用いるのが一般で、それをもっていえば韻字の筆頭上《じょう》平声《ひょうせい》の「一東《いっとう》」で韻を統一している。「一」は、上平声の一番目ということであり、「東」がその代表の字に指定されているのである。東の字を発音したとき、その母音以下の音が同じであるものを一まとまりに分類するのだ。もっとも平水韻をもってすれば、第十句末の「衆」字は去声の「一送」で韻が合わなくなるが、空海は『切韻』を用いているのであって、『切韻』を承けた『広韻』に徴すれば、「衆」字はまさに東韻に属しているからまったく問題はない。

三、『三教指帰』について

両指帰の相違点

『三教指帰』全体の構成は『聾瞽指帰』と変わるところがないが、当然なことながら、まず書名が違う。聾瞽は道理にうとく仏教の真理を理解していない者をいい、三教は儒教・道教・仏教をいう。

空海が唐に渡ったときに『聾瞽指帰』を持ち込んでこれを有名な文人に見せたところ、書名を『三教指帰』に改めるがよいと指摘された。有名な文人とは白居易、あざなは楽天のことであると、まことしやかに語られる記事に出遇うことがある。まんざら根拠のないはなしではない。先に引用した運敞《うんしょう》の『三教指帰註《さんごうしいきちゅう》刪補《さんぽ》』に「旧鈔《きゅうしょう》に曰《いわ》く、此《こ》の書成《しょな》りて聾瞽《ろうこ》指帰《しいき》と題《だい》す。けだし謙《けん》するなり。入唐《にっとう》の日《ひ》、携《たずさ》え去《い》きて学士《がくし》の某《ぼう》に示《しめ》す。某《ぼう》は褒《ほう》賞《しょう》して三教指帰《さんごうしいき》と改《あらた》めしむ」という。ただしこれは「旧鈔に曰く」というように古い伝説的空海伝からの引用であって運敞自身の見解ではない。このあと「いまだ明拠《めいきょ》を見《み》ず」として記事の信憑性にことわりをしている。

この書の成立を記す年紀は『聾瞽指帰』が「于時平朝御宇聖帝瑞号延暦十六年窮月始日」ときわめて丁重に書くのに対して、『三教指帰』は「于時延暦十六年臘月之《ときにえんりゃくじゅうろくねんろうげつの》一日也《ついたちなり》」と記す。表記は異なるが、日付は同じ延暦十六年十二月一日。『三教指帰』は『聾瞽指帰』

を後日再治したものという通説に従えばこれは一つの不思議である。再治ということは、空海のこの書に関する最終的な帰着点という意味で、この重要なことがらを処理するにあたって、なんらのことわりもなく初稿本と同じ日付を書きとどめるだろうか。これに対しては、延暦十六年十二月一日は出家を記念する格別の日であるがゆえに、後日再治したときもこの日付は残したのであるとする答えが用意されているが、いかがなものであろう。

巻数は、『聾瞽指帰』が一巻であるのに対して、『三教指帰』は上・中・下の三巻とする。序文を含む「亀毛先生論《きもうせんせいろん》」を「巻上」とし、「虚亡隠士論」を「巻中」、「仮名乞児論」を「巻下」に配した。全体の分量では「虚亡隠士論」がもっとも短く、「仮名乞児論」がもっとも長い。文章の量では分かたず、文意で分けたのだ。「虚亡隠士論」は約一千四百七十字を用いるに過ぎず、量的には前後する両巻との間に均衡を失っている。『文鏡秘府論』や『十住心論《じゅうじゅうしんろん》』など空海の他の著作にこのような例はなく、文章修飾にすぐれて美意識をはたらかせた空海自身が、はたしてこの体裁上の不均等を許したであろうかという疑問がすでにそこにある。

登場人物のうち儒家の鼈毛先生が亀毛先生に変更されているほか、全体を通じて多くの異同が認められるが、個々の改変はのちに述べるとして、まずは全体が改められた序文と十韻詩を見ておかなければならない。

序文は自叙伝

文之起必有由。
天朗則垂象。
人感則含筆。
是故。
鱗卦冊篇。周詩楚賦。
動乎中。書于紙。
雖云。
凡聖殊貫。古今異時。
人之寫憤。何不言志。

文《ぶん》の起《お》こるや、必《かなら》ず由《よし》有《あ》り。
天朗《てんろう》なれば則《すなわ》ち象《しょう》を垂《た》れ、
人感《ひとかん》ずれば則《すなわ》ち筆《ふで》を含《ふく》む。
是《こ》の故《ゆえ》に、
鱗卦《りんか》・冊篇《たんへん》、周詩《しゅうし》・楚賦《そふ》、
中《なか》に動《うご》いて、紙《かみ》に書《しる》す。
云《い》うと雖《いえど》も、
凡聖《ぼんせい》　貫《かん》を殊《こと》にし、古今《ここん》　時《とき》を異《こと》にすと、
人《ひと》の憤《いきどお》りを写《のぞ》く、何《なん》ぞ志《こころざし》を言《い》わざらん。

「文之起必有由」は、もとは『礼記』楽記篇に「凡《およ》そ音《おと》の起《お》こるや、人《ひと》の心《こころ》に由《よ》りて生《しょう》ずるなり」とあるのをふまえる。また「文之起」は、『文鏡秘府論』巻五に「文章《ぶんしょう》の興《おこ》るや、自然《しぜん》とともに起《お》こる」とあり、「必有由」も『聾瞽指帰』序文に「翽々《かいかい》たる丹鳳《たんほう》、翔《か》けるに必《かなら》ず由有《よしあ》り」とあった表現の援用だ。ものごとが起こるには、ここでは文章がなりたつには、かならず理由があるという意。

「天朗則垂象」は、『易』繋辞伝上《けいじでん》に「天《てん》は象《しょう》を垂《た》れて吉凶《きっきょう》を見《しめ》す」とあるによる。「垂象」は、さまざまな現象が現われる。「人感則含筆」は、「人感」は、人が感動すること。「含筆」は、文章を書くこと。

「鱗卦」は、伝説上の皇帝伏羲《ふくぎ》が作ったとされる『易』の八卦《はっか》。伏羲は鱗身人首《りんしんじんしゅ》、うろこのような身体で人間の顔をしていたとされる。「聃篇」は、『老子道徳経』。老子は、姓は李、名は耳《じ》、あざなは伯陽《はくよう》、諡《おくりな》は聃《たん》。生まれたときから老人のようであったことから老《ろう》聃《たん》ともいわれる。「周詩」は、『詩経』。「楚賦」は、『楚辞《そじ》』。『詩経』は黄河流域、『楚辞』は長江流域を代表する二大韻文学書である。

「動乎中。書于紙」は、『文鏡秘府論』巻六にも「情《じょう》、中《なか》に動《うご》いて言《げん》に形《あら》われ、然《しか》る後《のち》に之《これ》を紙《かみ》に書《しょ》す」とあるから、その転用だと考えられる。

「凡聖」は、凡人と聖人。「貫」は貫籍。本籍のことで、本来居るところをいう。「寫憤」の寫は、除くの意。「何不」は反語で、強い肯定。「～しなければならない」。

【訳】 文が書かれるにはかならず理由がある。天が晴れてさまざまな現象を現わすように、人はものに感じて筆を執る。だから、伏羲が著わした『易』の八卦、老子の

『老子道徳経』、『詩経』『楚辞』などの文章も、人が心に感動し、その感動を紙に書き記したものなのだ。凡人と聖人とでは居場所が違い、むかしといまとでは時代が違うけれど、人として心中の憤懣を取り除くために、この文章を書いておかなければならない。

冒頭、やはり文章を書く必然を述べる。その表現は典故を用いた文で、「鱗卦」「冊篇」などの語に工夫のあとも見るが、文の構造は『聾瞽指帰』序文の短縮形であり、性急に過ぎて余裕がない。しかも曹植、沈約、はたまた張鷟《ちょうさく》など空海の文学的嗜好は排除され、『易経』『老子』『詩経』『楚辞』の正統的な書籍が表示されて、華麗な文辞は影をひそめる。比較の用に供するために、あえて『聾瞽指帰』の場合と同じように活字を組んで紙面に示したが、これは一見してわかるように、空海が強く意識した対句による文章構成とは明らかに相違する。

『三教指帰』の文学論はこの書き出し部分ですべてを終わり、記述はたちまち自叙伝に入る。

余年志學。就外氏阿二千石文學舅。伏膺鑽仰。二九遊聽槐市。拉雪螢於猶怠。怒縄錐之不勤。

余《よ》、年《とし》志《し》学《がく》にして、外氏阿二千石文学《がいしあにせんせきぶんがく》の舅《きゅう》に就《つ》きて、伏膺鑽仰《ふくようさんごう》す。二九《にく》にして槐市《かいし》に遊聴《ゆうちょう》す。雪蛍《せっけい》を猶《な》お怠《おこた》れるに拉《ひし》ぎ、縄錐《じょうすい》の勤《つと》めざるを怒《はげ》ます。

「余」は、一人称、空海自身。『聾瞽指帰』の序文にも用例があった。「志學」は、十五歳。いまも使うことば。「外氏」は、母方の家。「阿」は、その家の阿刀《あと》氏。中国風に「阿」一字で表わした。「二千石」は、実際の石高というよりも、「大夫」の異称。朝散大夫《ちょうさんたいふ》、光禄大夫《こうろくたいふ》などがあり、漢代では「比二千石」(真二千石に次ぐ)であったが、唐代の職制では実際に職務をともなう職事官に対してこれらを散官という。飾りのような職官であるとはいえ位階がつき、たとえば朝散大夫は従五位の下であった。「文學」は、職名。唐の職官制度に「親王文学」があり、空海の母方の叔父阿刀大足《あとのおおたり》は、桓武天皇の第三皇子伊予親王府の文学、ありていにいえば家庭教師であった。「舅」は、母の兄弟。叔父。阿刀大足を指していう。「伏膺鑽仰」は、『広弘明集』巻十四に「釈迦《しゃか》に師事《しじ》し、善誘《ぜんゆう》に伏膺《ふくよう》す。豈《あ》に道《みち》の勝《すぐ》れるを識《し》りて之《これ》を鑽仰《さんごう》せざらんや」とあるのによる。「伏膺」は、「服膺」に同じ。片時も忘れずにおぼえること。「鑽仰」は、『論語』子罕《しかん》篇に「これを仰《あお》げばいよいよ高《たか》く、これを鑽《き》ればいよいよ堅《かた》し」とあるのをふまえる。孔子がもっとも愛した弟子の顔《がん》回《かい》が孔子を評したことばで、鑽は石や玉に穴をあけるの義。懸命の努力を必要とする。「二九」は、十八。二と九をかける。「遊聴」は、遊学すること。「槐市」は、制度としてある中央の大学をいう。大学寮。「雪螢」は、「螢雪」に同じ。苦学して蛍の光に照らし、雪明りに照らして読書したという有名な故事による。「拉」は、くだく。粉砕する。「猶怠」は、それでもなお怠る気持ちをいう。「縄錐」は、読書に努めること。漢の孫敬《そんけい》はいつも戸を閉めて読書にはげんでいたので「閉戸先生《へいこせんせい》」と称された。眠気対策に縄を梁《はり》に吊るして首にかけていたという。戦国末期の戦略家蘇秦《そしん》が勉学に努めているとき、眠気が起きると錐《きり》で自分の股を刺して眠気をはらったという。「縄錐」はこれらのはなしにもとづく造語である。「怒」は、はげますの意。

訳 私は十五歳なると、叔父の親王府文学の職にあった阿刀大足に就いて勉学にはげんだ。十八歳のときには大学寮に入学した。古人が蛍の光や雪明りに照らして読書したように勉強し、それでもなお起こる怠《なま》け心を打ちひしぎ、古人が首に縄をかけ、錐で股を刺して眠気を打ちはらったようにはならない自分をはげました。

いくつかの問題を指摘しておこう。まずは文体。『聾瞽指帰』でつらぬかれた四六駢麗文は、一転して自由で表現上の制限を受けない散文に化した。一書の本文はほぼ『聾瞽指帰』と同じで、序文はその一部に過ぎないが、一部に過ぎない序文だけが散文であることの不自然さは、理解の範囲をこえる。一文は一文体が原則なのだ。

次に就学年齢。十五歳で叔父の阿刀大足に就いて勉学にはげみ、十八歳で大学に入学したというのだが、この記述にも不満が残る。十五歳というのは、『論語』為政篇に「吾十《われじゅう》有五《ゆうご》にして学《がく》に志《こころざ》す」とあるのを安易に援用したに過ぎないのではないか。『論語』での次は「三十《さんじゅう》に而《し》て立《た》つ」で而立《じりつ》、三十歳のときには学問の成果として何ものにも左右されない境地に立ったというものだが、自伝では十八歳で大学に入学したことの前提として十五歳の就学があるから、阿刀大足からはその受験勉強を学んだことになる。

律令制下にあっての大学寮は式部省の管轄であり、明経科・算学科・書学科の三科がおかれ、高級官吏の養成機関として機能した。このうちでは明経科が中心で、教える教科は『周易《しゅうえき》』（易、易経）、『尚書《しょうしょ》』（書経）、『毛詩《もうし》』（詩経）、『周礼《しゅらい》』『儀礼《ぎらい》』『礼記《らいき》』『左伝《さでん》』（春秋左氏伝）の儒教経典である。ほかに『論語』と『孝経《こうきょう》』は、学習以前の必須科目であった。空海は十五歳になると阿刀大足からこれらの儒典を学び「伏膺鑽仰」したといい、大学入学後はその学習に古人にも劣らない努力を積み重ねたという。

ところが養老令によれば、大学の入学年齢を原則として十三歳以上十六歳以下、身分上は五位以上の子弟と定めている。身分上の問題でいえば、空海の父親佐伯田公《さえきのたぎみ》が朝廷から与えられた姓《かばね》は直《あたい》で、位階は従六位の下であったから資格を欠き、叔父の阿刀大足は姓は宿禰《すくね》で位階は従五位の下であったのでそれを利用したなどの説があり、年齢の制限についても特別に志願する者についてはこれを許す制度が用意されていたなどの説がある。なにぶん平安中期に『三教指帰』が出現して以来、誰もが真撰を信じて疑わなかったのであるから、空海自身が語る自伝は千年の歴史をもつ絶対の真実であって、律令との間にある少しばかりの矛盾などは、これに目をつぶったり、なんらかの理由づけをする程度のことは自然のなりゆきであった。

虚空蔵聞持法

序文はまた次のように続く。

爰有一沙門。呈余虚空藏聞持法。其經說。若人依法。誦此眞言一百萬遍。卽得一切敎法文義諳記。於焉。信大聖之誠言。望飛焔於鑽燧。躋攀阿國大瀧嶽。勤念土州室戸崎。谷不惜響。明星來影。

爰《ここ》に一《ひとり》の沙門《しゃもん》有《あ》り。余《よ》に虚空蔵聞持《こくうぞうもんじ》の法《ほう》を呈《しめ》す。其《そ》の経《きょう》に説《と》く、若《も》し人法《ひとほう》に依《よ》りて、

此《こ》の真言一百　万遍《しんごんいちひゃくまんべん》を誦《じゅ》すれば、即《すなわ》ち一切《いっさい》の教法《きょうぼう》の文義《もんぎ》諳記《あんき》することを得《え》んと。焉《ここ》に於《お》いて大聖《だいしょう》の誠言《せいげん》を信《しん》じて、飛焔《ひえん》を鑽燧《さんすい》に望《のぞ》む。阿国大滝《あこくたいりょう》の嶽《たけ》に躋攀《せいはん》し、土州《どしゅう》室戸《むろと》の崎《さき》に勤念《ごんねん》す。谷響《たにひびき》を惜《お》しまず、明星《みょうじょう》　影《かげ》を来《き》たす。

「沙門」は、出家者。僧というに同じ。「虚空藏聞持法」は、略して「求聞持法《ぐもんじほう》」ともいう。虚空蔵菩薩の真言「何牟・阿迦捨・揭婆耶・唵阿唎迦・麼唎慕唎・莎嚩訶」（ナウボウ・アキャシャ・ギャラバヤ・オムアリキャ・マリボリ・ソワカ）を百万遍唱えて満願し、記憶力を増進させる修行法。「經」は、唐の善無畏《ぜんむい》（六三七－七三五）が訳した『虚空蔵菩薩能満諸願最勝　心陀羅尼求聞持法《こくうぞうぼさつのうまんしょがんさいしょうしんだらにぐもんじほう》』。「說」は、説く。以下の文は経典の内容を要約したものなので、「曰く」でも「云う」でもなく「説く」とした。「法」は、真言を唱える作法。「誦」は、唱える。「眞言」は、曼荼羅。真実のことばなので、別の語に訳したり、置き換えたりすることができない。「文義」は、文章の意味。「於焉」は、そこで。「大聖」は、仏陀。「誠言」は、いつわりのないことば。「飛焔」は、火花。「鑽燧」は、『論語』陽貨篇《ようか》に「燧《すい》を鑽《き》りて火《ひ》を改《あらた》む」とある。鑽は既出。錐《きり》もみすること。燧は錐もみして火をおこすという意味でおこすための木。『論語』での用例は、年があらたまって新たに火をおこすという意味で使われている。したがってここでの意味は、気持ちを切り替え、心の火を新たにして希望を抱くと解する。「躋攀」は、よじのぼる。「阿國大瀧嶽」は、阿波の国の大滝嶽。大滝寺《おおたきじ》が所在するいまの徳島県美馬市と香川県高松市の県境にある大滝山《おおたきさん》とする説と、徳島県阿南市加茂町の太龍《たいりゅうじ》寺が所在する地とする二説があって定まらない。いずれも『三教指帰』のこの部分を根拠に空海が「虚空蔵求聞持法」を修したと伝える山岳霊場である。「勤念」は、思いを込めて勤める。修行するの意。

「土州室戸崎」は、いまの高知県室戸岬。岬近くの海岸に御厨人窟《みくろど》という洞穴があり、隣接して神明窟《しんめいくつ》があり、空海はここで求聞持法を行じたと伝える。「明星」は、金星の別名だが、仏教では普光菩薩、明星天子などと称して、虚空蔵菩薩が姿をかえて現われたものだとする説がある。『法華文句《ほっけもんぐ》』巻二下に「普光《ふこう》（菩薩）は是《こ》れ明星天子《みょうせいてんし》にして虚空《こくう》蔵《ぞう》の応作《おうさ》なり」とある。応作は、応現、応化《おうげ》などと同じで、感応して現われた姿。化身。「來影」は、姿を現わす。

訳 ここに一人の僧がいて、私に虚空蔵求聞持法を教え示してくれた。その経典『虚空蔵菩薩能満諸願最勝心陀羅尼求聞持法』には、「もし人がこの経の作法に従って、虚空蔵菩薩の真言を百万遍唱えれば、即座に一切の経典が教える意味を暗記することができるであろう」と説かれている。

そこで仏陀のいつわりのないことばを信じ、心の火を新たに燃やして仏道にはげむことに望みをかけ、阿波の国の大滝山をよじのぼり、土佐の国の室戸岬に思いを込めて修行した。心を込めた修行に感応して、谷は荘厳なこだまの響きで応え、空高く虚空蔵菩薩の化身である明星が姿を現わした。

ここにもいくつかの問題がある。その一つは「一沙門」を登場させながらその名を明かさないことだ。大学での空疎な暗記の学問から、仏教へ転換する契機を与えた最初の師ともいうべき僧であるから、先に学問の師を阿刀大足としたように、仏門の師を明らかにしてよいが、そうはしないで曖昧にしてしまっている。そこで宗門の人たちの間では、古来、一沙門とは奈良石淵寺《いわぶちでら》の勤操《ごんそう》（七五四―八二七）であるとか、大安寺の戒明《かいみょう》（生没年不詳）であるとかの議論がかわされてきた。

空海の詩文集『遍照発揮性霊集《へんじょうほっきしょうりょうしゅう》』巻十に「故《もと》の贈僧正勤操大徳《ぞうそうじょうごんそうだいとく》の影《えい》の讃《さん》、幷《なら》びに序《じょ》」がある。勤操の肖像（木像）に讃詩を付し、あわせてその行跡をたたえた格調高い文章であるが、ここには『虚空蔵求聞持法』に関する記述はなく、空海との師弟関係に触れることもない。したがって空海に『虚空蔵求聞持法』を教示した「一沙門」を勤操とする説は成り立たず、戒明とする説も根拠が一層希薄である。もともとない話をあるように繕うのは難しい。

空海作とする求聞持法の修行法を記した「求聞持次第」があるが、その真偽はもとより、実際に大成したのちの空海のなかで、『虚空蔵求聞持法』がどのような位置を占めていたかは知らない。ただ帰朝後の思想形成に大きな意味をもったのは『大日経』だった。真言密教の根本経典の一つであるこの経典の翻訳者も善無畏で、その漢訳に貢献したのが中国人僧の一行《いちぎょう》（六八三―七二七）だった。一行は善無畏の漢訳を手伝い、自身もこの経典の理解を深めるためにその注解書『大毘盧遮那成仏経疏《だいびるしゃなじょうぶつきょうしょ》』二十巻を著わし、空海は入唐のおりにこれを持ち帰った。空海における密教思想の理論的根拠になるのがこの注解書で、この書を通して『大日経』の理解を深めたのである。京都醍醐寺の所蔵になる真筆本の国宝『大日経開題』は、一行の「経疏」の要所を記録したメモである。

こういう事実を考慮すると、この自伝部に見える『虚空蔵求聞持法』の記述は、まだ二十歳前後のときから、善無畏訳の『大日経』の意を極める萌芽があった事実を知らしめるために置かれたものではないかと思う。

次に、「阿國大瀧嶽」「土州室戸崎」という地名の直接的な表記にも疑問符がうたれる。『聾瞽指帰』において空海は可能なかぎり「漢文」で書くことをむねとし、「和文」になることを極力避けようとした。地名を書くにしてもずいぶん工夫を凝らして直接的な表現をしないよう注意をはらっている。いわゆる「和習」を避けようとしたのだ。「和習」は

「和臭」とも書き、日本人の漢文に日本語特有の癖や語法が認められることをいう。「阿國大瀧嶽」「土州室戸崎」という表記は、他の文藻豊かな表現との間に大きな隔たりがあるといわなければならないが、この地名表記の問題は、のちに改めて述べることとする。

対句という観点から見ても「信大聖之誠言。望飛焔於鑽燧」の句作りはいかがなものであろう。「信」と「望」は述語として対語となるが、「之」と「於」は、ともに一語では自立した意味をもたない助字である点で一致するものの、それぞれの語のはたらきが異なる。「之」は、所有の助詞「の」に相当するものであり、「於」は、「――を……に～～する」の常套的構文を作るために置かれた字で、訓読する場合はこれを発音しない。これらの助字のはたらきによって、「大聖」は目的語「誠言」を説明する修飾語となり、次句の目的語である「飛焔」と対偶する関係にならない。要するに、ここに示した二句は六字にそろえてはいるが、対句にはならないのであって、このような句作りは空海の文章ではないということだ。

出家宣言

序文に目をもどすと、文章は次のように続く。

遂乃。
朝市榮華。念念厭之。
巖藪煙霞。日夕飢之。
看輕肥流水。
則電幻之歎忽起。
見支離懸鶉。
則因果乃哀不休。
觸目勸我。誰能係風。

遂《つい》に乃《すなわ》ち、
朝市《ちょうし》の栄華《えいが》、念念《ねんねん》に之《これ》を厭《いと》い、
巌藪《がんそう》の煙霞《えんか》、日夕《にっせき》に之《これ》を飢《ねが》う。
軽肥《けいひ》流水《りゅうすい》を看《み》ては、
則《すなわ》ち電幻《でんげん》の歎《なげ》き忽《たちま》ちに起《おこ》り、
支離《しり》懸鶉《けんじゅん》を見《み》ては、
則《すなわ》ち因果《いんが》の哀《かな》しみ休《や》まず。
触目《しょくもく》我《われ》に勧《すす》む。誰《だれ》か能《よ》く風《かぜ》を係《つな》がん。

「遂乃」は、かくして。前文を受けて、このような結果として。「朝市」は、朝廷と市場。朝廷で高い官位を得、市場で利益を得ることをいう。「念念」は、刹那刹那。ちょっとした瞬間にも。「巖藪」は、山とやぶ。俗世間を離れたところ。「煙霞」は、もや。「日夕」は、朝な夕な。時を問わず。「飢」は、食にうえるの意から転じて、ねがうの意にとる。「輕肥」は、軽い衣と肥えた馬。いずれも贅沢な調度品。「流水」は、車。流れる川のように音もたてず速く行く高級車。「電幻」は、電はいなずま、幻はまぼろし。仏典に見ることばで、ともに実体がなくはかなく消えていくことにたとえる。「支離」は、身体が不具なこと。「懸鶉」は、ぼろぼろの衣。「觸目」は、目に触れるものすべて。「係風」は、風をつなぎ止めることで、できないことの比喩に用いる。

〔訳〕 かくして私は、朝廷で高い官位につき、市場で高利を手にする世俗の栄華を、瞬間のうちにもうとましく思い、山林をおおう清らかなもやを、いつのときもこいねがうようになった。

高価な衣を身に着けて肥えた馬に乗り、それに立派な車をもった人を見ると、いずれはかなく消えていく無常を嘆く思いが込み上げてくる。身体が不具である者やぼろ衣をまとった貧しい者を見ると、そうなった因果の哀しみのつきることがない。目に触れるものすべてが、私に仏道に入ることをすすめている。私のそのこころざしをいったい誰がつなぎ止められようか。

古来、『三教指帰』を空海出家宣言の書とするゆえんの一文と解してよいであろう。文体は前文の散文体から一変して、隔句対を用いたきちんとした四六の駢文体となっている。しかし、『聾瞽指帰』の序文と比較すればわかることだが、序文というかぎられた文章のなかで、このような文体に変化をもたせることは、空海の美意識ではない。

思想上にも問題がある。高い官位も豪奢な生活も、いずれ無常の風が吹いて無有に帰す。

したがってそれを嘆きの対象として見るのは道理の常套だが、その対句となる部分が感心しない。

「支離」は、『荘子』人間世篇《じんかんせい》に見えることばで、荘子は身体が不具であることを、かえってそれがよいと肯定する。不自由であるために、奴隷のように力仕事を強要されることも、徴兵されることもなく、寿命をまっとうできると考えるのだ。「懸鶉」は、『荀子《じゅんし》』大略《たいりゃく》篇にいうことばで、孔子の弟子の子夏を評して「子夏《しか》は貧《ひん》にして、衣《ころも》は懸鶉《けんじゅん》のごとし」とある。世の中正しいことをしていれば貧しいのがあたりまえで、貧しいことは正しさの証であるのだ。したがって「支離」も「懸鶉」も、空海の深い教養ではそれを哀しみの対象として感覚することはない。現に自身の仮託である仮名乞児を、身体は骸骨のようにやせ細り、身には「千結」(『聾瞽指帰』)をまとった極貧の人物として「仮名乞児論」に登場させているではないか。「千結」は百結を十倍に誇張した表現で、百結は一面を当て切れで繕った貧しい衣をいい、懸鶉と同義である。なお、「千結」を『三教指帰』では「紙袍」に改めるが、その改変についてはのちに述べる。

執筆の動機

爰有一多親識。
縛我以五常索。
斷我以乖忠孝。
余思。
物情不一。飛沈異性。
是故。
聖者驅人。教網三種。
所謂釋李孔也。
雖淺深有隔。竝皆聖說。
若入一羅。何乖忠孝。
復有一表甥。性則佷戾。
鷹犬酒色。晝夜爲樂。
博戲遊俠、以爲常事。

爰《ここ》に一多《いった》の親識《しんしき》有《あ》り。
我《われ》を縛《ばく》するに五常《ごじょう》の索《なわ》を以《もっ》てし、
我《われ》を断《す》つるに忠孝《ちゅうこう》に乖《そむ》けるを以《もっ》てす。
余《よ》思《おも》えらく、
物情《ぶつじょう》一《いち》ならず、飛沈性《ひちんせい》を異《こと》にす。
是《こ》の故《ゆえ》に、
聖者《せいじゃ》人《ひと》を駆《か》るに、教網三種《きょうもうさんしゅ》あり。
所謂《いわゆる》釈《しゃく》、李《り》、孔《こう》なり。
浅深《せんしん》隔《へだ》て有《あ》りと雖《いえど》も、竝《なら》びに皆聖説《みなせいせつ》なり。
若《も》し一羅《いちら》に入《い》らば、何《なん》ぞ忠孝《ちゅうこう》に乖《そむ》かん。
復《ま》た一《いち》の表甥《ひょうせい》有《あ》り。性《せい》は則《すなわ》ち佷戻《こんれい》にして、
鷹犬酒色《ようけんしゅしょく》もて、昼夜《ちゅうや》に楽《たの》しみと為《な》し、
博戯《はくぎ》遊俠《ゆうきょう》、以《もっ》て常《つね》の事《こと》と為《な》す。

顧其習性。陶染所致也。　其《そ》の習性《しゅうせい》を顧《かえり》みるに、陶染《とうぜん》の致《いた》す所《ところ》なり。
彼此兩事。毎日起予。　彼此《ひし》両事《りょうじ》、日《ひ》毎《ごと》に予《よ》を起《おこ》す。

「一多親識」、一多は何人かの、親識は親友。ここに「爰有一多親識」とするのは先に「爰有一沙門」とするのと同じ語法で、空海が好んで用いることばの使い方である。既出の「故の贈僧正勤操大徳の影の讚、幷びに序」に「爰有一伝薪者」（爰《ここ》に一《ひとり》の薪《たきぎ》を伝《つた》うる者《もの》有《あ》り）の一文がある。「伝薪」は仏法を伝えるものの意だが、『文鏡秘府論』の序文にも「爰有一後生」（爰に一多の後生有り）とあるから、ここはその援用と考えられる。

「縛我」の縛は、しばりつける。「五常索」、五常は儒教が説く仁・義・礼・智・信の人間がふむべき五つの道。索は縄と同義。「斷我」の断は、みかぎる、すてるの意。「忠孝」は、儒教がもっとも重んじてその実践を求める考え。死を賭して主君に仕えることを忠といい、まことをつくして親に仕えることを孝という。

「物情」は、あらゆる生き物の姿や性質。「飛沈」は、空中を飛ぶ鳥と水中に泳ぐ魚。「聖者驅人」の聖者は、聖人。釈迦・孔子など。「驅」は、みちびくの意。「教網」は、教えの網。「釋李孔」は、釈迦・老子・孔子。老子の本名が李《り》耼《たん》であることはすでに述べた。「聖說」は、聖人が説く教え。「一羅」の羅は、あみ。教網の網と同じ。

「表甥」は既出。母方の甥。「佷戾」、佷は很字の別体。もとるの意。「戾」は、曲がるの意。性格が正義にもとって曲がっていること。「鷹犬」は、狩りをして遊ぶこと。「酒色」は説明を要しない。酒と女。「博戯」は、ばくち。「遊俠」はやくざのようなふるまいをする。「陶染」は、陶は教えという意。ここでは周囲の悪い教えに染まること。「彼此」の彼は、親友が儒教で縛る一般社会におしとどめようとすること。此は、甥が無頼の行為を日常としていること。

〔訳〕　ここに何人かの友人がいて、私を儒教の五常すなわち仁・義・礼・智・信の縄で縛りつけようとし、それに応じない私を、忠孝の大義にそむく者としてみかぎった。私は思う。あらゆる生き物の姿や性質は一つでなく、空を飛ぶ鳥と水の中で泳ぐ魚とではおのずから性質を異にするというもの。だから、聖人が人を導くには、教えの網が三種類用意されている。仏教と道教と儒教がそれである。これらは浅さや深さの点で違いはあるが、いずれもみな聖人が説く教えで、道理の行きつく先は一つである。だから一つの網の中に入れば忠孝にそむくということもないまた、一人の母方の甥がいる。性格が正義にもとって曲がっており、狩りをしたり酒と女にふけって、昼となく夜となく楽しみをなし、ばくちに興じてやくざのようなふるまいをしている。甥の習性を見ると、それは周囲の悪い教えに染まっているからだとわかる。親友が私を一般社会にとどめようとしていることと甥の無頼を何とかしなければという二つのことが、日増しに私を奮い立たせた。

『聾瞽指帰』には見られなかった三教合一の思想が述べられる。出家して仏教者となる立場を堅持しながら、忠孝にそむくという儒教側の非難を、三教合一論でかわす。空海自身は三教合一ないし融合の考えを随所で述べており、序文を後日書き改めたとすれば理屈が通るのだが、どうにも解せないのはやはり文体である。

空海が長安に滞在した当時、文学界は「古文」の全盛期だった。六朝時代に盛行した四六駢儷文は、華麗な形式にこだわるあまり、文章の根幹をなすべき作者の主張が薄らぎ、次第に形骸化していった。唐代になると、実を失ってただ形式美を追うだけの文体に革命がおこる。簡潔達意の質を求めて四六駢儷文を廃し、文章は真実を綴ったいにしえの文体に回帰しなければならないという復古文の主張が台頭したのだ。空海入唐と時を同じくして活躍していた古文家韓愈《かんゆ》（七六八―八二四）や柳宗元《りゅうそうげん》（七七三―八一九）の文章は、後世の規範となって大きな影響をもつに至る。文章論に格段の興味を抱く空海もたちまちその影響を受けて、『文鏡秘府論』では古文の格調に関わる議論も展開するが、それでもなお華麗な文体に対する自身の嗜好を隠さずに語っているように、空海は四六駢儷文を好んでいたのだ。

「縛我以五常索。斷我以乖忠孝」の二句は対句を試みているがそうはなっていない。「五常索」と「乖忠孝」の下三字、「五常」は二字の名詞で「索」も一字の名詞。「乖」は一字の動詞で「忠孝」は二字の名詞、字のはたらきがそれぞれに対偶しないのであるから、これは空海の句作りとはいえないのだ。

「復た一の表甥有り」以降は、『聾瞽指帰』に「又、忽《たちま》ち暴悪《ぼうあく》の児《じ》を視《み》て、其《そ》の教《おし》え無《な》きの染《そま》る所《ところ》を愍《あわれ》む」とある文の焼き直しだが、ここに出家の意志表示という重大事が執筆の動機に加えられた。

所以。

請龜毛以爲儒客。

要兎角而作主人。

邀虛亡士。張入道旨。

屈假名兒。示出世趣。

倶陳楯戟。竝箴蛭公。

勒成三卷。名曰三教指歸。

所以《ゆえ》に、

亀毛《きもう》を請《こ》いて以《もっ》て儒客《じゅかく》と為《な》し、

兎角《とかく》を要《もと》めて而《しか》して主人《しゅじん》と作《な》し、

虚亡士《きょむし》を邀《むか》えて、入道《にゅうどう》の旨《むね》を張《は》り、

仮名児《かめいじ》を屈《くっ》して、出世《しゅっせ》の趣《おもむき》を示《しめ》す。

倶《とも》に楯戟《じゅんげき》を陳《つら》ねて、並《なら》びに蛭公《しっこう》を箴《いまし》む。

勒《ろく》して三巻《さんかん》と成《な》し、名《な》づけて三教指帰《さんごうしいき》と曰《い》う。

唯寫憤懣之逸氣。

誰望他家之披覧。

于時延暦十六年臘月之一日也。


唯《ただ》だ憤懣《ふんまん》の逸気《いっき》を写《うつ》せり。

誰《だれ》か他家《たか》の披覧《ひらん》を望《のぞ》まん。

時《とき》に延暦十六年臘月《えんりゃくじゅうろくねんろうげつ》の一日《ついたち》なり。


「龜毛」以下「蛭公」までは『聾瞽指帰』と同文で、わずかに「鼈」を「龜」、「訝」を「邀」、「竝誨」を「竝箴」に改めるのみ。巻数と書名は既出。「憤懣」は、いきどおりもだえる。「逸氣」は、はやる気持ち。「披覧」は、読むこと。


[訳]　そこで亀毛先生にたのんで儒教の賓客とし、兎角公に求めて討論の場の主人となってもらった。虚亡隠士を迎えて道教の教旨を説いてもらい、仮名乞児に頭をさげて、仏教の趣旨を示してもらう。

それぞれが鋭い理論を述べて、道理にうとい蛭牙公子を教えさとした。

ここに書をまとめて三巻とし、名づけて三教指帰という。

ただ心中憤懣のはやる気持ちを書き写しただけで、他人に読んでもらおうと思う気持ちはまったくない。

時に延暦十六年十二月一日なり。

これまでの通説に従えば、序文は全文書き換えられたはずだが、「亀毛を請いて」以下「蛭公を箴しむ」に至るまでの八句が『聾瞽指帰』と同文であるという奇怪な事実をいかに理解すればよいのであろう。これははなはだ困った問題なのだ。『聾瞽指帰』と同文を用いたために、この部分だけが格式を保った駢文となっているのが奇妙だ。『三教指帰』の序文はすべて三百九十字ばかりで、このわずかな字数のなかで文体が何度も変わるのも、空海の文章とはとうてい考えられない。

文末の二句「ただ心中憤懣のはやる気持ちを書き写しただけで、他人に読んでもらおうと思う気持ちはまったくない」と訳した部分も、『聾瞽指帰』が駢文で書き上げた文章に自信のほどを述べたのち、「ただ恐る」といって謙遜の辞を綴った部分の短縮した焼き直しだと読める。

十韻詩

『三教指帰』の「十韻詩」は、序文とともに空海により全面的に書き改められたとされてきた部分である。ただその導入部は文字に若干の異同があるものの、『聾瞽指帰』のそれと同文で、あとで述べるようにここに思想上の矛盾がある。

兎角公の邸宅で、ならず者の蛭牙公子を説諭した儒者の亀毛先生も道士の虚亡隠士も、最後に登場した仮名乞児が説く仏教深奥の教えに感服して絶対の服従を誓い、自らの皮膚を紙、骨を筆、血を墨、頭蓋骨を硯として肝要の句を書きとどめたいと懇請し、かくして仮名乞児の十韻詩が導かれる。

居諸破冥夜。三教褰癡心◎。
性欲有多種。醫王異藥鍼◎。

居諸《きょしょ》 冥夜《めいや》を破《やぶ》り、三教《さんぎょう》 痴心《ちしん》を褰《みちび》く。
性欲《せいよく》に多種《たしゅ》有《あ》れば、医王《いおう》 薬鍼《やくかん》を異《こと》にす。

（◎は押韻字）

「居諸」は、日月をいう。『詩経』を出典とするが、空海が好んで用いたことばで、「仮名乞児論」に「居諸矢《きょしょや》の如《ごと》し」というほか『性霊集』所収の文にも使用のあとがある。「冥夜」は、闇夜。まよいの世界。「癡心」は、おろかな心。「褰」は、開くの意で、開き導く。「性欲」は、人間の習性と欲求。「醫王」は、仏をたとえていう。『大智度論』に「仏《ぶつ》は医王《いおう》の如《ごと》く、法《ほう》は良薬《りょうやく》の如《ごと》く、僧《そう》は病《やまい》を瞻《み》る人《ひと》の如《ごと》し」とある。「藥鍼」は、治療に用いる薬と針。

[訳] 日月の光は、闇夜を破って照らし、儒・道・仏の三教は、人間のおろかな心を

導く。衆生の習性と欲求はそれぞれに多様であるので、仏陀が施す治療にも異なるところがある。

綱常因孔述。受習入槐林。◎
變轉耼公授。依傳道觀臨。◎

綱常《こうじょう》は孔《こう》に因《よ》りて述《の》べ、受《う》け習《なら》いて槐林《かいりん》に入《い》る。
変転《へんてん》は耼公《たんこう》が授《さず》け、依《よ》り伝《つた》えて道観《どうかん》に臨《のぞ》む。

「綱常」は、三綱五常をいう。三綱は、君臣・父子・夫婦の道。五常は既出。仁・義・礼・智・信。「孔述」は、孔子が述べたこと。「槐林」は、三公九卿《さんこうきゅうけい》の地位をいう。三公は、臣下として最高位の三人の大臣。九卿は、三公に次ぐ九人の大臣。その呼称は時代によって異なる。

「變轉」は、万物が変化してやまないこと。「耼公」は、老子。「依傳」は、教えに従って伝える。「道觀」は、道教の寺院。殿堂。

訳 三綱五常の教えは孔子によって述べられ、これを受け学ぶ者は朝廷の高位高官となる。万物の変化については老子が説き授け、その教えに従って伝える者は、道教の殿堂で立場を保つ。

金仙一乘法。義益最幽深。
自他兼利濟。誰忘獸與禽。

金仙一乗《きんせんいちじょう》の法《ほう》は、義益《ぎやく》最《もっと》も幽深《ゆうしん》なり。
自他《じた》兼《か》ねて利済《りさい》し、誰《だれ》か獣《じゅう》と禽《きん》とを忘《わす》れん。

「金仙」は、仏陀。「一乗法」は、大乗の法。仏教深奥の教え。乗は、衆生を彼岸に到らせる乗り物にたとえる。「義益」は、教義と利益《りやく》と解するが、用例は定かでない。「幽深」は、深奥で幽玄であること。限りなく奥深い。「自他」は、自利利他《じりりた》。すなわち自ら利し他者をも利す。「利済」は利益し救済すること。「獣」は、けもの。「禽」は、鳥。

[訳] 仏陀大乗の教法は、教義と利益のうえでもっとも奥深い。自ら利し他者をも利して一切の衆生を救い、けものや鳥に至るまで忘れることはない。

春花枝下落。秋露葉前沈。
逝水不能住。迴風幾吐音。

春花《しゅんか》は枝下《しか》に落《お》ち、秋露《しゅうろ》は葉前《ようぜん》に沈《しず》む。
逝水《せいすい》は住《とど》まる能《あた》わず、迴風《かいふう》は幾《いく》ばくか音《おと》を吐《は》く。

「逝水」は、逝《ゆ》く川の流れ。『論語』子罕《しかん》篇に「子《し》、川《かわ》の上《ほとり》に在《あ》りて曰《いわ》く、逝《ゆ》く者《もの》は斯《かく》の如《ごと》き夫《か》。昼夜《ちゅうや》を舎《お》かず」とある。孔子が過ぎ去るもの、時間や生命を嘆いた言葉として解釈される。「迴風」は、旋風というに同じ。つむじ風。「幾」は、どれほど。

【訳】春の花は枝の下に散り落ちて、秋の露は葉の前に沈んで消えていく。逝く川の流れは少しの間もとどまらず、荒々しいつむじ風はどれほどの音をたててきたことか。

六塵能溺海。四徳所帰岑。
已知三界縛。何不去纓簪。

六塵《ろくじん》は能《よ》く溺《おぼ》るる海《うみ》、四徳《しとく》は帰《き》する所《ところ》の岑《みね》なり。
已《すで》に三界《さんがい》の縛《ばく》を知《し》りぬ。何《なん》ぞ纓簪《えいしん》を去《す》てざらん。

「六塵」は、衆生を惑わす六種の欲。色《しき》・声《しょう》・香《こう》・味《み》・触《そく》・法《ほう》をいう。「四徳」は、『涅槃経』が説く如来の涅槃《ねはん》の四つの功徳。常徳《じょうとく》・楽徳《らくとく》・我徳《がとく》・浄徳《じょうとく》。『法華玄義《ほっけげんぎ》』によれば、生死を離れることを常（徳）、一切の報いを受けないことを楽（徳）、一切の業を破ることを我（徳）、一切の煩悩を破ることを浄（徳）と名づけるという。「岑」は、山の峰。「三界」は、凡夫が生死輪廻する三つの世界。欲界《よくかい》・色界《しきかい》・無色界《むしきかい》。平易には、欲と迷いにまみれた世界。「縛」は、束縛、しがらみ。「纓簪」は、宮仕えすること。纓は冠のひも、簪は冠をとめるかんざし。

【訳】感覚して生じる六種の欲は、衆生を惑わせ溺れさせる海。如来涅槃の四つの功徳こそ身をよせる山の峰。もはや欲と迷いにまみれた世界のしがらみを知ったからには、どうして宮仕えを捨て去らずにおれようか。

序文における対句表現に不満があることを述べたが、十韻詩においても同じ不満がある。十韻詩は韻文であり、韻字は各偶数句末の心・鍼・林・臨・深・禽・沈・音・岑・簪の十字。「平水韻」でいえば、下平声の十二侵で統一されていて問題はないが、対句表現となると極端に安定性を欠く。比較のために改めて『聾瞽指帰』の一節を引いておく。

悲普四生類。　悲《あわれみ》は四《し》生《しょう》の類《るい》に普《あまね》く、
恤均一子衆。　恤《めぐみ》は一子《いっし》のごとく衆《しゅう》に均《ひと》し。
誘他専爲業。　他《た》を誘《いざな》うを専《もっぱ》ら業《ぎょう》と為《な》し、
勵己兼作功。　己《おのれ》を励《はげ》まして兼《かね》て功《こう》を作《な》す。

二句一連、各句が規則正しく対句を構成している。これに対する『三教指帰』の一節を重ねて引用してみる。

金仙一乘法。　金仙一乗《きんせんいちじょう》の法《ほう》は、
義益最幽深。　義益《ぎやく》最《もっと》も幽深《ゆうしん》なり。
自他兼利濟。　自他《じた》兼《か》ねて利済《りさい》し、

誰忘獸與禽。　誰《だれ》か獣《じゅう》と禽《きん》とを忘《わす》れん。

対句の技法が使われていないことが一目でわかる。初めの一句で条件を提示し、のちの三句でその結果を述べる。一語一語に対偶するところがなく、「深」「禽」で押韻するとはいえ、これはもはや散文といってよいであろう。

念のためにいうと、文人としての空海は対句法に特段の興味を示した人であった。『文鏡秘府論』東巻の「論対」に「的名対」以下二十九対を挙げて対句の形態を論じ、その二十九番目に「惣不対対」（惣《すべ》て対《つい》せざるの対《つい》）を列ねている。唐の上官儀《じょうかんぎ》の『魏文帝詩格《ぎぶんていしかく》』に示唆を受けながらの論述であるが、『文選』が収める梁の沈約の「范安成《はんあんせい》に別《わか》る」詩を例文として引用し、沈約詩は一篇を通じて形式上対句するところがまったくないが、意味するところの深奥に絶妙の対が秘められていると読み取り、これを二十九種の対句中最高の境地と位置づけた。しかし、この十韻詩には「春花」以下の対句が見られるのであって、これが「惣不対対」であるはずもない。

序文との呼応関係

『三教指帰』の十韻詩は、初めの四句において儒・道・仏三教はともに凡夫の痴心を導き、衆生の多様な習性と欲求に対応するとして、三教を一様に肯定し、さらに続く四句では儒教と道教の効用を詠う。この思想的立場の表明は、その序文に「余《よ》思《おも》えらく、物情《ぶつじょう》一《いち》ならず、飛沈《ひちん》性《せい》を異《こと》にす。是《こ》の故《ゆえ》に、聖者人《せいじゃひと》を駆《か》るに、教網三種《きょうもうさんしゅ》あり。所謂《いわゆる》釈《しゃく》、李《り》、孔《こう》なり。浅深隔《せんしんへだ》て有《あ》りと雖《いえど》も、並《なら》びに皆聖説《みなせいせつ》なり。若《も》し一羅《いちら》に入《い》らば、何《なん》ぞ忠孝《ちゅうこう》に乖《そむ》かん」と述べたことと一致する。『聾瞽指帰』の巻首と巻末を全面的に書き改めた『三教指帰』の序文と十韻詩は、儒・道二教を容認する立場の表明という点において、呼応する関係にある。

『性霊集』巻一に雑言《ざつごん》の「喜雨歌」（雨を喜ぶ歌）一首がある。嵯峨天皇の時代に大干ばつがあり、帝は諸寺に勅《みことのり》して祈雨《きう》せしめた。時に雨を得た喜びを詠じ、嵯峨帝を賛嘆した詩である。雑言は一句の字数が不ぞろいな形式の詩をいう。詩の題に「歌」とするのは古代の歌謡にならったもので、雑言であるのが普通。その詩にいう。

三教九流一心裹　　三教九流《さんぎょうきゅうりゅう》　一心《いっしん》に裹《つつ》み、

四量六度萬劫修　　四量《しりょう》六度《ろくど》　万劫《まんごう》に修《しゅう》す。

「九流」は、秦代以前に盛行した九つの学派。『漢書』芸文志が分類して儒家《じゅか》者流《しゃりゅう》・道家《どうか》者流《しゃりゅう》・陰陽家《いんようか》者流《しゃりゅう》・法家《ほっか》者流《しゃりゅう》・名家《めいか》者流《しゃりゅう》・墨家《ぼっか》者流《しゃりゅう》・縦横家《じゅうおうか》者流《しゃりゅう》・雑家《ざっか》者流《しゃりゅう》・農家《のうか》者流《しゃりゅう》の九学派をたてた。

「四量」は、諸経が説く四無量心。無量の衆生に対して楽を与え苦を除くために起こす慈・悲・喜・捨の四種の無量心。つまりは慈悲平等の心をいう。「六度」は既出。彼岸に到るために修める六種のおこない。「萬劫」は、無限の時間。

［訳］　儒・道・仏の三教に加えて中国古来のもろもろの学問を御心に包み込み、慈悲平等の心をもって衆生を思いやり、彼岸に到るための六つの行ないを無限に長く修めておいでになる。

二句は嵯峨帝の人となりを賛嘆した部分だが、その内容は作者空海もまた共有するものである。帰するところは仏教にあるとすることに違いはないが、儒・道二教を容認し、三教を融合的にとらえて表現することは、時代のなかに生きる者として一層実際的であった。他の詩文においても儒教と道教の二教を論難的にとらえる例はなく、したがって『聾瞽指帰』を後日書き改めた、再治したものが『三教指帰』であるとすれば、この序文と十韻詩に見る思想的立場はそれで矛盾するところがないのだが、大きな矛盾は、儒者の亀毛先生も道士の虚亡隠士も、仏教者仮名乞児に絶対の服従を誓い、自らの皮膚を紙、骨を筆、血を墨、頭蓋骨を硯として肝要の句を書きとどめたいと懇請した十韻詩の導入部分が再治されていない事実である。空海の文章力をもってすれば、これしきのことは一夜にして書き改めたに違いない。

序文との呼応という点から見ると、いわゆる「出家宣言」もその一つだ。序文で「山林をおおう清らかなものを、いつのときもこいねがうようになった」といい、「目に触れるものすべてが、私に仏道に入ることをすすめている。私のそのこころざしをいったい誰がつなぎ止められようか」というのは、出家する意志の強い表白である。十韻詩でもまたその最終句で「もはや欲と迷いにまみれた世界のしがらみを知ったからには、どうして宮仕えを捨て去らずにおれようか」という。一書の最後に十韻詩を置くことの意味は、儒教や道教に対する評価はいま措くとして、信奉する仏教の最勝を詩にすることにあるのであって、空海自身の出家を宣言させる必要はない。

なお、「出家」とは、本来官許を得た「得度」を次に導くことばだが、ここでは「出家して私度僧となる」というほどの意味で使っている。この点についてはあとで述べる。

四、『三教指帰』偽撰の明拠

『三教指帰』は、すべて約八千五百字。このうち初めの序文約三百九十字と、終りの五言二十句百字とが全面的に改変されていることは見てきたとおりである。差引した残りの大略八千字が本文だが、これはほぼ『聾瞽指帰』と同じで、古来名著とされてきた部分である。いかなる点で名著たり得るかといえば、儒・道・仏三教に対する深い知識と思想性を、内外の古典籍を駆使して洗練されたことばを用い、日本人には他に類例を見ない立派な四六騈儷文に仕立てているとされる。とすれば、名著たるゆえんの本文は、もともと『聾瞽指帰』に対する評価とみなすべきところ、本文にも改変した跡が多くある。「再治」を証するゆえんの部分でもあるのでそれを見ておかなければならない。

なお、この章では比較するために両指帰を並記するが、その際、「鼈毛先生」と「亀毛先生」を混用する煩雑が生じることになる。ここでは改変された部分を問題としてとりあげるので、「鼈毛」と「亀毛」は、原則『三教指帰』の「亀毛」で統一して煩雑を避けるものとする。

本文の適正な改変

『聾瞽指帰』で誤りのあった個所はそれらを訂正しているが、空海が気づかなかった部分についても『三教指帰』がこれを正している部分がある。あるいは出典の検索に難渋することばを容易に引き出せる語に改変した例もあるが、この場合はかえって空海の独自性を損なうおそれもあって、はたしてそれが適正かどうかの判断に苦しむことがある。ただし次の例などは適正な改変といえよう。

聾瞽　不願何曾之滋味。　何曾《かそう》の滋味《じみ》を願《ねが》わず、
誰受魏侯之温裘。　誰《たれ》か魏侯《ぎこう》の温裘《おんきゅう》を受《う》けん。

三教　不願何曾之滋味。　何曾《かそう》の滋味《じみ》を願《ねが》わず、
誰愛子方之温裘。　誰《たれ》か子方《しほう》の温裘《おんきゅう》を愛《め》でん。

「仮名乞児論」、仮名乞児の清貧を記述するくだり。「晋の何曾のような贅沢な食事を願わず、魏の文侯が贈ろうとした立派な皮衣を受けることもない」。これが原文の意。「受」を「愛」に、「魏侯」を「子方」に改めた。「愛」は「受」の誤写で、写本には「受」に作

るものがある。

何曾は、晋の大臣。『晋書』の本伝に性格奢侈を好み、「厨膳《ちゅうぜん》の滋味《じみ》は、王者《おうじゃ》に過《す》ぐ」とあり、本文はこれによっている。その対語に措辞された魏侯は、「亀毛先生論」に「魏侯之路」の記述があり、そこでの魏侯は魏の文侯を指していう。いまここにいう「魏侯」を文侯とすれば、文侯に「温裘」にまつわるはなしがないので文意の理解が難しい。おそらくは空海の記憶違いであろう。これを「子方」に改めたのは、意として適切な改変だといえる。

「子方」は、戦国魏の文侯に仕えて師友と称された賢人政治家の田子方《でんしほう》をいう。『三教指帰』は『説苑《ぜいえん》』立節篇に「子思《しし》、衛《えい》に居《お》りて縕袍《おんぽう》に表《おもて》無《な》し。田子方《でんしほう》これを聞《き》きて人《ひと》をして狐白《こはく》の裘《かわごろも》を遺《おく》らしむ。（略）子思《しし》辞《じ》して受《う》けず」とあるのによって改めた。子思は孔子の弟子の名。縕袍は、綿入れの衣。狐白の裘は、狐の脇の下のやわらかい皮で作った上等の皮衣。

聾瞽　昔漢武冀仙。悃請王母。　昔《むかし》、漢武《かんぶ》仙《せん》を冀《ねが》いて、悃《ねんごろ》に王母《おうぼ》に請《こ》う。
李君得術。既學長房。　李《り》君術《くんじゅつ》を得《え》て、既《すで》に長房《ちょうぼう》に学《まな》ぶ。
三教　昔漢武冀仙。悃請王母。　昔《むかし》、漢武《かんぶ》仙《せん》を冀《ねが》いて、悃《ねんごろ》に王母《おうぼ》に請《こ》う。

長房得術。亦學壺公。　長房術《ちょうぼうじゅつ》を得《え》て、亦《ま》た壺公《ここう》に学《まな》ぶ。

「虚亡隠士論」、亀毛先生らが口をそろえて虚亡隠士に方術の教えを請うくだり。「漢武」は、漢の武帝。「王母」は、女仙の西王母。「李君」は、漢の武帝に仕えて方術を指南した李少君。「長房」は、後漢の費長房。「壺公」は、神仙界から左遷されてきた者と称し、費長房に仙界の不思議を体験させた人。

「むかし漢の武帝は神仙を願って西王母に教えを請うた。武帝の指南役だった李少君は方術を得ていたが、それは費長房から学んだものだった」、原文はそういう意味である。「李君」を「長房」に改め、「既」字を「亦」字、「長房」を「壺公」に改変した。

前漢の武帝が西王母に長寿の法を請うたというはなしはよく知られた伝説であるが、漢の武帝に仕えて方術の指南をした李少君が、後漢の費長房から仙術を学んだというのは奇妙だ。ここは空海の記憶に誤りがあったに違いない。費長房が仙人壺公に学んだというはなしは『後漢書』方術列伝下の費長房伝に見え、『三教指帰』はそれによって正した。

本文の適正を欠く改変

聾瞽　因茲五戒之小舟。
瀏猛浪以曳々製々於羅刹津。
十善椎輪。
引強耶而隱々軫々於魔鬼隣。

茲《これ》に因《よ》って、五戒《ごかい》の小舟《しょうしゅう》、
猛浪《もうろう》に瀏《ただよ》いて以《もっ》て羅刹《らせつ》の津《しん》に曳々製々《えいえいせいせい》たり。
十善《じゅうぜん》の椎輪《ついりん》、
強耶《きょうじゃ》に引《ひ》かれて而《しか》して魔鬼《まき》の隣《となり》に隠々軫々《いんいんしんしん》たり。

三教　因茲五戒之小舟。
漂猛浪以曳曳掣掣於羅刹津。
十善之椎輪。
引強邪而隱隱軫軫於魔鬼隣。

茲《これ》に因《よ》って、五戒《ごかい》の小舟《しょうしゅう》、
猛浪《もうろう》に漂《ただよ》いて以《もっ》て羅刹《らせつ》の津《しん》に曳曳掣掣《えいえいせいせい》たり。
十善《じゅうぜん》の椎輪《ついりん》、
強邪《きょうじゃ》に引《ひ》かれて而《しか》して魔鬼《まき》の隣《となり》に隠隠軫軫《いんいんしんしん》たり。

「仮名乞児論」、「生死海の賦」の一節。

「製々」を「掣掣」に改め、「之」字を加入、「耶」を「邪」に改めた。「掣掣」は『文選』木華の「海賦《うみのふ》」に「或《ある》いは裸人《らじん》の国《くに》に掣掣洩洩《せいせいえいえい》たり。或《ある》いは黒歯《こくし》の邦《くに》に汎汎悠悠《はんはんゆうゆう》たり」とあるにより、「之」字の加入は、上句「五戒之小舟」との対応のうえで原作の欠を補っている。

「五戒」は、衆生が守るべき殺生《せっしょう》・偸盗《ちゅうとう》・邪淫《じゃいん》・妄語《もうご》・飲酒《おんじゅ》の五つの戒め。「猛浪」は、荒波。「曳曳掣掣」は、風にまかせて漂うさま。「羅刹」は、悪鬼。「津」は、渡し場。「十善」は、衆生が行なうべき不《ふ》殺生《せっしょう》・不《ふ》偸盗《ちゅうとう》・不《ふ》邪淫《じゃいん》・不《ふ》妄語《もうご》・不《ふ》両舌《りょうぜつ》・不《ふ》悪口《あっく》・不《ふ》綺語《きご》・不《ふ》慳貪《けんどん》・不《ふ》瞋恚《しんに》・不《ふ》邪見《じゃけん》の十の善行《ぜんぎょう》。「椎輪」は、質素な車。「强邪」は、強い邪悪の力。「隠隠軫軫」は、重車が荒々しい音をたてるさま。「魔鬼」は、悪魔。

原文は、「このようなことだから、五戒を修めて彼岸に向かおうとする小舟は、荒波に流されて悪鬼の渡し場にさまよい着き、十善を積んで彼岸に向かおうとする質素な車は、強い邪悪の力に引っ張られて音をたてながら悪魔の近くにたどり着く」の意。


ここでは『聾瞽指帰』の「製々」を『三教指帰』が出典にもとづいて「掣掣」に改めたことの是非を考えてみよう。掣は制に通じ、制は製に通じる。去声霽韻《せいいん》で音通、意もまた通じる。したがって「製々」と字を置いた空海に誤記の意識はない。すでに見てきたように、『聾瞽指帰』の序文でも「江《かわ》に臨《のぞ》み海《うみ》に汎《うか》びて、木郭《ぼくかく》の才無《さいな》きを慨《なげ》く」とし、晋の木華《ぼくか》と郭璞《かくはく》、文章としては木華の「海賦」や郭璞の「江賦《こうのふ》」に深い憧憬の気持ちを述べている。ここで引用した文の直前にも、まよいの世界にうごめくものの多さを称して

「是《かく》の如《ごと》き衆類《しゅうるい》、上《かみ》は有頂天《うちょうてん》を絡《まと》い、下《しも》は無間獄《むげんごく》を籠《こ》めて、処《ところ》に触《ふ》れて櫛《くし》のごとくに比《なら》び、浦毎《うらごと》に屋《おく》を連《つら》ぬ。玄虚《げんきょ》の神筆《しんぴつ》、千《せん》たび聚《あつ》むとも陳《の》べ難《がた》く、郭象《かくしょう》の霊翰《れいかん》、万《まん》たび集《あつ》むとも何《なん》ぞ論《ろん》ぜん」と述べる。玄虚は、木華のあざな。郭象は郭璞と同時代の人で『荘子注』を著わした学者である。ここでは木華の「海賦」を「神筆」とまで評しているのであって、一見いかめしく見える当該の文章の句作りも、じつは木華の「海賦」にならったものであることがわかる。そうすると、「海賦」の「掣掣」を「製々」と表記するについては、空海の確かな意識のもとに用字されたものであって、それを出典どおりに改めてよいかどうかは、議論の余地を残すと思われる。

「製々」に見られるように、空海の表記法にはしばしば独自の手法が発揮される。それが「耶」字と「邪」字の使用に顕著に表われる。「耶」字は、「ヤ」と「シャ・ジャ」の二音をもつ。「邪」字もまた「シャ・ジャ」と「ヤ」の音をもつ。いずれも平声麻韻であるが、発音を同じくすれば意もまた通じる。「鼈毛先生論」における「還作耶心」も「仮名乞児論」の「耶淫耶見」もみな「ジャ」と発音するもので、『三教指帰』はこれをことごとく「邪」に改めている。

一般に疑問、反語文の語声を強める終尾の詞「耶」「邪」は、「ヤ」と発音してその使用においては確たる区別はなく、それらについては問題はないが、空海の「耶」字に対するこだわりには、なにか思想信条に関わる格別の理由があるかと考えていた。しかし『空海大字林』二巻（講談社、一九八三年）を著わした飯島太千雄氏の指摘は明解である。

つまり空海は、現存する遺墨では一字も「邪」を書いておらず、それに反して「耶」は『聾瞽指帰』以下の真蹟五点に四十六字も書いている。この事実は又また空海固有の用字法に無知な者による改竄の証左となる。

（「『三教指帰』済暹偽撰説」『大谷大學研究年報』第六十四集、二〇一二年三月）

『王羲之《おうぎし》大字典』（東京美術、一九八〇年）の著作もある飯島氏は、空海が「邪」字を用いない理由として王羲之もまたこの字を用いないことを挙げ、空海は王羲之にならうものだとする。この一字の見解をもって『三教指帰』の偽撰は決するといってよいほどにいかなる主観も入り込む余地のない議論である。

聾瞽　而今而後。　而今而後《じこんじご》。

三教　自今以後。　自今以後《じこんいご》。

「仮名乞児論」、先に引用した十韻詩に入る最終局面、亀毛先生、虚亡隠士ら一同が仮名乞児の教説に従うことを誓った部分。「而今而後」を「自今以後」に改めた。

「而今而後」は既出。これよりのちの意。『論語』泰伯《たいはく》篇、『文選』張衡《ちょうこう》の「東京賦《とうけいのふ》」などに出典をもつ四字で熟した語だが、空海がここでこの語を用いたについては「東京賦」が念頭にあった。

張衡は後漢の学者、『漢書』の作者班固《はんご》にならって自らも「両都賦《りょうとのふ》」を作った。じつに十年の歳月を費やしたという七千七百字からなる大作である。両都とは、前漢が都とした長安と後漢が都とした洛陽をいう。『文選』ではこれを二篇に分かって前半を「西京賦《せいけいのふ》」とし、後半を「東京賦」としてこれを収載している。

「西京賦」では架空の人物憑虚公子《ひょうきょこうし》が西京すなわち長安の優位を主張し、「東京賦」ではこれも架空の人物安処先生《あんしょせんせい》が憑虚公子の軽薄を批判して東京すなわち洛陽の優位を展開、その最終局面において安処先生の議論に感服した憑虚公子は、ついに「今《いま》にして後《のち》、乃《はじ》めて大漢《だいかん》の徳馨《とくけい》、咸此《みなここ》に在《あ》るを知《し》れり」、つまり「今にしてはじめて大漢の香り高い徳が、先生の説の中にあることを知りました」といって安処先生の説に全面的に従うのである。

憑虚公子を亀毛先生と虚亡隠士に、安処先生を仮名乞児になぞらえてみればどうなるか。架空の人物設定といい、前者が後者の議論に敬服することといい、「而今而後」が一件落

郵便はがき

料金受取人払郵便

京都中央局
承　　認

5682

差出有効期間
平成31年4月
9日まで

(切手をはらずに
お出し下さい)

6 0 0 8 7 9 0

1 1 0

京都市下京区
正面通烏丸東入

法藏館 営業部 行

愛読者カード

本書をお買い上げいただきまして、まことにありがとうございました。
このハガキを、小社へのご意見またはご注文にご利用下さい。

お買上 **書名**

＊本書に関するご感想、ご意見をお聞かせ下さい。

＊出版してほしいテーマ・執筆者名をお聞かせ下さい。

お買上
書店名　　区市町　　**書店**

◆新刊情報はホームページで　http://www.hozokan.co.jp
◆ご注文、ご意見については　info@hozokan.co.jp

16.5.50000

ご氏名《ふりがな》		年齢　　歳　男・女
〒□□□-□□□□　ご住所	電話	
ご職業（ご宗派）	所属学会等	
ご購読の新聞・雑誌名（ＰＲ誌を含む）		

ご希望の方に「法蔵館・図書目録」をお送りいたします。
送付をご希望の方は右の□の中に✓をご記入下さい。　□

注文書

月　　日

書名	定価	部数
	円	部
	円	部
	円	部
	円	部
	円	部

配本は、○印を付けた方法にして下さい。

イ. **下記書店へ配本して下さい。**
（直接書店にお渡し下さい）

（書店・取次帖合印）

書店様へ＝書店帖合印を捺印の上ご投函下さい。

ロ. **直接送本して下さい。**
代金（書籍代＋送料・手数料）は、お届けの際に現金と引換えにお支払下さい。送料・手数料は、書籍代 計5,000円 未満630円、5,000円以上840円です（いずれも税込）。

＊お急ぎのご注文には電話、ＦＡＸもご利用ください。
電話 075-343-0458
FAX 075-371-0458

（個人情報は『個人情報保護法』に基づいてお取扱い致します。）

着する物語の最終局面で用いられていることといい、『聾瞽指帰』本文の基本的な構成は『文選』張衡の「両都賦」にならっていると読み取れるのであって、ここを「自今以後」に改めては空海の作意を踏みにじることになるのだ。

聾瞽　鼈等對曰。唯々欲聞。　鼈等《べつら》対《こた》えて曰《いわ》く、唯々《いい》、聞《き》かんと欲《ほっ》す。
隱曰。夫大鈞陶甄。無彼此心。　隠曰《いんいわ》く、夫《そ》れ大鈞《たいきん》は陶甄《とうけん》して、彼此《ひし》の心無《こころな》し。

三教　龜毛等對曰。唯唯欲聞。　亀毛等《きもうら》対《こた》えて曰《いわ》く、唯唯《いい》、聞《き》かんと欲《ほっ》す。
隱曰。夫大鈞陶甄。無彼此異。　隠曰《いんいわ》く、夫《そ》れ大鈞《たいきん》は陶甄《とうけん》して、彼此《ひし》異《こと》なる無《な》し。

「虚亡隠士論」、亀毛先生らが虚亡隠士の説にあいづちをうち、はなしの続きを促すくだり。

「毛」字を加え、「心」を「異」に改めた。鼈毛と亀毛との問題はいま措くとして、「毛」字の加入は句作りを破壊してよろしくない。空海はあえて「鼈」一字にして四字句に整えたのであり、それは次に虚亡隠士を「隠」一字で表わして「隠曰」としたことでも明らかである。

「唯唯」は、相手のいうことに丁寧に返事すること。はいはい。「大鈞」は、大きな轆《ろく》轤《ろ》をいい、万物の造物主にたとえる。「陶甄」は、陶工が瓦器を造ることで、造化の営みにたとえる。「彼此」は、あれこれの意だが、あれこれというときにはそこに差別がある。したがって「彼此の心無し」は、簡潔にいえば、差別の心がないということであり、万物創造の根源は元来無心であることをいう。この「心」字を「異」字に改変している事実は、同義の一字を替えて改変のための改変をなすなどとは異なって、空海の理解の深さと改作者のそれとの間にある大きな隔たりを感じさせる。改作者はあるいは原作文中における「彼此」や「心」字の意を誤解しているのではないかとさえ思わせる。

この句は以下に次のように続く。

洪鑪鎔鑄。離憎愛執。　洪鑪《こうろ》は鎔鑄《ようちゅう》して、憎愛《ぞうあい》の執《しゅう》を離《はな》る。

この部分は両指帰に異同はない。「洪鑪」は、大きな溶鉱炉で万物の創造主にたとえる。「鎔鑄」は、溶解した液状の鉱物から物を作ることで、造化の営みをいう。「執」は執着の意で、執着は心に発するものであり、「憎愛の執を離る」とは無心というのと同義である。つまりはこの句もまた万物創造の根源は元来無心であることをいうのであって、二句は対句のかたちをとりながら同じことを繰り返して表現しているのだ。この場合、「心」の対語として「執」が置かれているのであり、ことばの性質として「執」の対語に「異」を措辞するのは適正を欠くといわざるをえない。

なお、「大鈞」「洪爐」などはみな『抱朴子』に出典を見ることばで、空海が虚亡隠士に道教を語らせるにあたって、多くがこの書によっていることがわかる。

聾瞽 任心偃臥。逐思昇降。心《こころ》に任《まか》せて偃臥《えんが》し、思《おも》いに逐《したが》って昇降《しょうこう》す。
淡泊無欲。寂寞無想。淡白《たんぱく》にして欲無《よくな》く、寂寞《せきばく》として想無《そうな》し。

三教 任心偃臥。逐思昇降。心《こころ》に任《まか》せて偃臥《えんが》し、思《おも》いに逐《したが》って昇降《しょうこう》す。
淡泊無欲。寂寞無聲。淡白《たんぱく》にして欲無《よくな》く、寂寞《せきばく》として声無《こえな》し。

「虚亡隠士論」、道術を得て仙界に遊んだ結果の境地を説くくだり。「想」字を「聲」に改めた。「寂寞」に接続する語としてはもっとも日常平凡なことばに置き換えてしまっている。もとより「無聲」に思想性をもった用例がないわけではないが、ここは「淡泊」に対して「寂寞」、「無欲」に対して「無想」なのであって、「無聲」としたことで原作の深い思想性が損なわれた。ここは無念無想、思念するところがない状態をいうのであり、空海自身が「無聲」に置き換えなければならない必然性がない。劉義慶《りゅうぎけい》の

『世説新語《せせつしんご》』文学篇に「皆《ことごと》く無《む》想《そう》無《む》因《いん》の故《ゆえ》なり」とあり、鳩摩羅什《くまらじゅう》訳『金剛般若波羅蜜《こんごうはんにゃはらみつ》経《きょう》』に「若《ある》いは有想《うそう》、若《ある》いは無想《むそう》」、『法苑珠林《ほうおんじゅりん》』巻八十七に「或《ある》いは無色《むしき》を求《もと》め、或《ある》いは浄居《じょうきょ》を求《もと》め、或《ある》いは無想《むそう》を求《もと》む」とあるように、「無想」は出典探しにこと欠かない。

聾瞽　然此書未委心。後當顯陳耳。
然《しか》れども此《こ》の書《しょ》未《いま》だ心《こころ》を委《つく》さず。後当《のちまさ》に顕《あきら》かに陳《の》ぶべきのみ。

三教　然此書未委心。後當顯陳之矣。
然《しか》れども此《こ》の書未《しょいま》だ心《こころ》を委《つく》さず。後当《のちまさ》に顕《あきら》かに之《これ》を陳《の》ぶべし。

「仮名乞児論」、ある人と仮名乞児との忠孝問答。仮名乞児が書面をある人に差し出し、ここではまだ意をつくしていないというくだり。「耳」を「之矣」に改めた。『三教指帰』のこの部分には諸本に異同がある。『聾瞽指帰』の形跡をもっとも色濃く残す仁平本は「耳矣」、成安注集本以下が「之矣」とする。仁平本からすると、上句に合わせて六字句に整える意図があったかと思うが、文末を「耳矣」とするのはいかにも奇妙で、これを「之矣」に改めたのであろう。しかしこれでは限定して意を強める「耳」字のはたらきが損なわれ、加えて見た目にも散文的になってよろしくない。

なお、「委心」は心をまかせる意として用例を見る熟した語であるが、かならずしも文意に即応せず、「委」字は、ここは委細、委曲、あるいは委悉の意で読むのがよいかと思う。詳しい、詳らかにするの意である。

改変のための改変

『三教指帰』で改変された部分のなかには、改変のいかなる必要性も認められないものがある。本来『聾瞽指帰』のままでよく、単に字を入れ替えるだけで、あたかも改作の痕跡を残すための改変ともいうべきものである。この項では文意を問わず、改変された部分にのみ焦点をあてていくつかの例を見ておく。

聾瞽　兔角公之外姪。有蛭牙公子。　兎《と》角公《かくこう》の外姪《がいてつ》、蛭牙《しつが》公子《こうし》有《あ》り。
三教　兔角公之外甥。有蛭牙公子。　兎《と》角公《かくこう》の外甥《がいせい》、蛭牙《しつが》公子《こうし》有《あ》り。

「亀毛先生論」、蛭牙公子を登場させるくだり。「姪」を「甥」に改めた。
親族間相互の呼称ははなはだ厄介で厳密を期しがたいが、おおむねのことでいえば、外姪は結婚して他家に嫁いだ姉妹の男子をいい、甥についてもこれをいう。要するところ姪と甥は同義で、平易にいえば「おい」の意であり、これを改める必要はない。

現代日本語では、兄弟姉妹の子のうち女子を姪、男子を甥といって容易にその区別がつくが、この区別、承平年間（九三一―九三八）に成立したとされる『和《わ》名《みょう》類《るい》聚《じゅう》抄《しょう》』にすでに見えるから相当に古い。そうなると女子をいう「米飛（めひ）」と読まれる誤読をおそれて「平比（をひ）」と読むべき「甥」字に改めたとも考えられる。したがってこの改変は、偽撰の時期とも関わる問題を提示する可能性があるといえよう。

聾瞽　寧莫術婆伽之煎胸。　寧《むし》ろ術婆伽《じゅつばか》の胸《むね》を煎《や》くこと莫《な》からんや。

三教　寧莫術婆伽之焼胸。　寧《むし》ろ術婆伽《じゅつばか》の胸《むね》を焼《や》くこと莫《な》からんや。

「亀毛先生論」、亀毛先生が蛭牙公子の素行を叱責するくだり。「煎」を「焼」に改めた。改変のいかなる意味もない。

このような改変のための改変ともいうべき事例は全篇にわたって行なわれ、とうていそのすべてを挙げるにたえられない。以下に「虚亡隠士論」「仮名乞児論」から各一、二例を引くにとどめておきたい。

聾瞽　欒大二帝之徒。　欒大二《らんだいに》帝《てい》の徒《と》。

三教　欒大兩帝之徒。　欒大両《らんだいりょう》　帝《てい》の徒《と》。

「虚亡隠士論」、虚亡隠士がいたずらに神仙を志した欒大、秦始皇帝、漢武帝を罵倒したくだり。欒大は、漢武帝に仕えた方士。『史記』封禅書《ほうぜんしょ》にその名が見える。二帝は、秦始皇帝と漢武帝をいう。ここは「二帝」を「兩帝」に改変するのみ。

聾瞽　微樂朝臻。唉天上樂。　微楽朝《びらくあした》に臻《いた》れば、天上《てんじょう》の楽《らく》を唉《わら》う。

三教　微樂朝臻。笑天上樂。　微楽朝《びらくあした》に臻《いた》れば、天上《てんじょう》の楽《らく》を笑《わら》う。

虚亡隠士が俗人の日常生活を厳しく批判するくだり。「唉」は去声嘯韻で意味も音も「笑」に同じ。改変することの意味がない。

聾瞽　鐘振磕々。華飄聯々。　鐘《かね》の振《ふ》ること磕々《かいかい》たり。華《はな》の飄《ひるがえ》ること聯々《れんれん》たり。

三教　鐘振磕磕。花飄聯聯。　鐘《かね》の振《ふ》ること磕磕《かいかい》たり。花《はな》の飄《ひるがえ》ること聯聯《れんれん》たり。

仮名乞児が仏土の歓喜あふれる様子を説くくだり。「華」を「花」に改めた。「咲」字を「笑」字に改めるなどとともに単純な改変だが、このような単純な改変は特に「仮名乞児論」に多い。たとえば先に引用した仮名乞児の自伝を展開するくだりでは「逢」を「遇」に、「而」を「以」に改めており、「而」と「以」はこれを逆にして「以」を「而」にすることもある。これらはみな通常化した改変の跡を残すための改変である。

対句に関わる改変

対句のことはこれまで何度も述べてきた。ここでは本文中にある一字または二字を増減して当面の句を対句に整えようとした改変を見ておこう。

聾瞽　照譖言之鑠骨金。　譖言《しんげん》の骨金《こつきん》を鑠《とか》すこと照《あき》らかにして、
闇樞機之發榮辱。　枢機《すうき》の栄辱《えいじょく》を発《はっ》するに闇《くら》し。

三教　明知譖言之鑠骨金。　明《あき》らかに譖言《しんげん》の骨金《こつきん》を鑠《とか》すことを知《し》りて、
不愼樞機之發榮辱。　枢機《すうき》の栄辱《えいじょく》を発《はっ》することを慎《つつし》まず。

「亀毛先生論」、亀毛先生が蛭牙公子にことばの重さを教誨するくだり。「譖言」は、讒《ざん》言《げん》というに同じ。うその訴え。この句は「讒言が骨をも金をも溶かす力をもつことを明らかにしながら」の意。「樞機」以下は、『易』繫辞伝上に「言行《げんこう》は君子《くんし》の枢機《すうき》なり。枢機《すうき》の発《はつ》は、栄辱《えいじょく》の主《しゅ》なり。言行《げんこう》は、君子《くんし》の天地《てんち》を動《うご》かす所以《ゆえん》なり。慎《つつし》まざる可《べ》けんや」とあるのを典故とした句。

「ことばは君子にとって肝要のことがらで、口から出たことばが将来の名誉と恥辱に関わることを知らない」という意。

「照」字を「明知」、「闇」字を「不愼」に改変し、七字句の対句を八字句の対句とした。文意を大きく損なうものではなく、「不愼」が典故をふむという点からすると、改めた方がよいともいえるが、「明知」と「不愼」は対語とならず、原作の対句を壊してしまっている。

次は亀毛先生が親の説諭も聞かない蛭牙公子を教誨《きょうかい》するくだり。同じ部分を少し長く引いてみる。『聾瞽指帰』の本文は、先に「弘法も筆を誤る」の項で引用したので重複するが、『三教指帰』との比較をなす点で視点を異にするので、重ねる煩雑を許されたい。

聾瞽　儻進寺見佛。不懺罪咎。還作耶心。　儻《も》し寺《てら》に進《すす》みて仏《ぶつ》を見《み》るも、未知一稱之因。遂爲菩提。
四銖之果。復登聖位。

三教
若儻入寺見佛。不懺罪咎。還作邪心。
未知一稱之因。遂爲菩提。
四銖之果。終登聖位。

罪咎《ざいきゅう》を懺《さん》せず、還《かえ》って邪心《じゃしん》を作《な》し、
未《いま》だ一称《いちしょう》の因《いん》、遂《つい》に菩提《ぼだい》と為《な》り、
四銖《ししゅ》の果《か》、復《ま》た聖位《せいい》に登《のぼ》るを知《し》らず。
若《も》し儻《たまたま》寺《てら》に入《い》りて仏《ぶつ》を見《み》るも、
罪咎《ざいきゅう》を懺《さん》せず、還《かえ》って邪心《じゃしん》を作《な》し、
未《いま》だ一称《いちしょう》の因《いん》、遂《つい》に菩提《ぼだい》と為《な》り、
四銖《ししゅ》の果《か》、終《つい》に聖位《せいい》に登《のぼ》るを知《し》らず。

「儻」は、もし。そのようなことがあってもの意。「若儻」も二字で、もし。ここでの読み方は建長本による。「懺」は、懺悔。「罪咎」は、自らが犯した罪とが。「一稱」は、ただ一度仏の名を称えること。「菩提」は、仏道を成就すること。「四銖」は、四銖銭という低い金銭の単位。ここはわずかに得た四銖銭をもって仏に供養した功徳によって、貧窮の老婆が仏になったという故事をいう。

「若」字を加入して六字句に整えたが、肝心の対句のあるべきかたちを見誤った改変で感心しない。「進」と「入」は、改変のための改変。「耶」と「邪」については前述のとおり。「復」と「終」とでは語義を異にするが、これはあるいは上句の「遂」字に意を合わせたかと思われる。

「寺院に入って仏像を見ることがあっても、罪とがを懺悔することもなく、かえって邪心をおこし、一度の称名が因となって、ついには仏道を成就し、わずかな銭の供養の果として仏となるはなしを知らない」の意。文章は続いていう。

聾瞽　數過庭蒙誨。不誅己惡。翻恨提撕。
数《しば》しば庭《にわ》を過《よぎ》って誨《おしえ》を蒙《こうむ》るも、
己《おの》が悪《あく》を誅《せ》めず、翻《かえ》って提撕《ていし》を恨《うら》む。

三教　過庭蒙誨。不誅己惡。翻恨提撕。
庭《にわ》を過《よぎ》って誨《おしえ》を蒙《こうむ》るも、
己《おの》が悪《あく》を誅《せ》めず、翻《かえ》って提撕《ていし》を恨《うら》む。

孔子の子の鯉《り》、あざなは伯魚《はくぎょ》は、家の庭をよこぎるときに何度も孔子から教えを受けた。『論語』季氏《きし》篇に見える故事を、ここの初めの句はふまえる。「提撕」は、教え導くこと。「親の説諭をしばしば受けながら、自分の悪いことを反省せず、逆に親の教えを恨んだりする」の意。

「數」は、しばしば。その「數」字を削除して四字句に改作するが、まったく感心しない。『論語』は鯉が複数回孔子から教えを受けたと書いている。だから「數」字は意味のうえでも必要なのだ。さらによくよく文章を見わたせば、この部分、じつはその四句前の「儻進寺見佛。不懺罪咎。還作耶心」との間で対句を構成しているのである。「儻」と「數」とが対偶する関係にあるのであって、したがって「儻」に「若」を加えて「若儻」とすることができないし、「數」字を削除することもできないのだ。

さらに文は続く。

聾瞽　豈思諄々之意。切於猶子。　豈《あ》に諄々《じゅんじゅん》の意《こころ》、猶子《ゆうし》より切《せつ》にして、
懃々之恩。重於比兒。　懃々《きんきん》の恩《おん》、比児《ひじ》より重《おも》きを思《おも》わんや。

三教　豈思諄諄之意。切於猶子。　豈《あ》に諄諄《じゅんじゅん》の意《こころ》、猶子《ゆうし》より切《せつ》にして、
懃懃之思。重於比兒。　懃懃《きんきん》の思《おもい》、比児《ひじ》より重《おも》きを思《おも》わんや。

「諄々」は、懇切にさとすこと。「猶子」は、兄弟の子。甥。「懃々」は、ねんごろなさま。「比兒」も兄弟の子。

「人が懇切に教えてくれるこころは、自分の甥にするよりも切実であり、ねんごろにあたえてくれる恩は、兄弟の子にするよりも深い」の意。

「豈思」が六句前の「未知」と対をなす。「懃々之恩」の「恩」字が訂正を加えてのちに

措字されたことは先に述べた。『三教指帰』は『聾瞽指帰』の消ち点を見過ごしたか、それとも「諄々之意」の「意」字との対語を考えてのうえかは不明であるが、「思」字を選択した。別していうほどのことではないが、空海の意識を重視すればやはり改めないほうがよい。

ここにあらためて引用した『聾瞽指帰』の文を対句という観点から並べ直して見てみよう。

儻進寺見佛。不懺罪咎。還作耶心。
未知一稱之因。遂爲菩提。四銖之果。復登聖位。
數過庭蒙誨。不誅己惡。翻恨提撕。
豈思諄々之意。切於猶子。懃々之恩。重於比兒。

目を横にやると、「儻進寺見佛」と「數過庭蒙誨」、「不懺罪咎」と「不誅己惡」、「還作耶心」と「翻恨提撕」とが対句を構成し、「未知」と「豈思」とが対語となっていることがわかる。

縦に見ると、「一稱之因」と「四銖之果」、「遂爲菩提」と「復登聖位」、「諄々之意」と

「懃々之恩」、「切於猶子」と「重於比兒」とが対句であることは誰の目にも明らかだ。空海の対句に対する意識はかくも精密なのであって、これに余人が字を加えたり、あるいは削除してその原形を壊すことなどできようはずもないのである。もちろん空海自らがするはずもない。

聾瞽 吾聞上智不教。下愚不移。
古聖猶病其難。而況今愚何易。

吾《わ》れ聞《き》く、上智《じょうち》は教《おし》えず、下愚《かぐ》は移《うつ》らずと。
古聖《こせい》猶《な》お其《そ》の難《かた》きを病《や》む。
而《しか》るを況《いわ》んや今愚《こんぐ》何《なん》ぞ易《やす》からん。

三教 吾聞上智不教。下愚不移。
古聖猶痛。今愚何易。

吾《わ》れ聞《き》く、上智《じょうち》は教《おし》えず、下愚《かぐ》は移《うつ》らずと。
古聖《こせい》猶《な》お痛《や》む。今愚《こんぐ》何《なん》ぞ易《やす》からん。

兎角公が亀毛先生に教えを引き出そうとして請い、亀毛先生がそれに応えてことばを発するくだり。「上智」は、すぐれた智者。ここは『顔氏家訓』教子篇に「上智《じょうち》は教《おし》えずして成《な》り、下愚《かぐ》は教《おし》ゆと雖《いえど》も益無《えきな》し」とあり、『論語』陽貨篇に「ただ上知《じょうち》と下愚《かぐ》とは移《うつ》らず」とある典故をふんだ表現。

「古聖」は、いにしえの聖天子堯や舜。『論語』雍也《ようや》篇に「堯舜《ぎょうしゅん》も其《そ》れ猶《な》お諸《これ》を病《や》む」とあるのを典故とし、「其の難きを病む」は、下愚を教えて智者とすることの難しさをいう。「今愚」は、いまの世の愚者の意で、亀毛先生自身をいう謙遜の辞である。「すぐれた智者は教えなくてもよいが、なみはずれた愚者は教えても智者にはなれない。いにしえの聖人でさえ愚者を智者とする難しさに気を病んだ。ましていまの世の愚かな私などにできようはずもない」という意。

この「今愚」について、多くはこれをどうにもならない愚かな蛭牙公子に解するようだが、それでは「古聖」と「今愚」の距離が長すぎる。そのような誤解は、『三教指帰』の改変がもたらした弊害であろう。

ここでの改変は、「病」を「痛」に変え、「其難」と「而況」のいささか散文的な四字を削除して、一見して目にはよい四字句に整えた。

「病」と「痛」とでは意に大きな違いはなく、これは通常の改変のための改変で、典故からすれば変えないほうがよい。

「其難」と「而況」の四字を除外して四字句の対句としたのは改作の過失である。「何易」の「易」字、意は「易しい」は上の句の「其難」における「難」字、意は「難しい」の対語としてあり、その「難」字を除くのは対句の本来のあり方をいちじるしく損なっている。「而況」(しかるをいわんや~~をや)は、以下の語義を一層強める語法である。この二字を除外するのは、本来の文意を損ねるもので、まったく感心しない。「今愚」を愚かな蛭牙公子とする誤解は、「而況」の削除によって生じたものである。

韻字に関わる改変

韻字に関わる改変は、その性格上韻文である「観無常賦」および「生死海賦」を含む「仮名乞児論」に多く見える。その改変部を注視すると、韻字に配慮されているところと、詩法の約束ごとを大きくはずすところがあって、改作の意図あるいは時期に問題を残す。

聾瞽　詠潘安詩。弥増目泉。　潘安《はんあん》の詩《し》を詠《えい》じては、弥《いよ》いよ目泉《もくせん》を増《ま》し、
　　謌伯姫引。還深涙川。　伯姫《はくき》の引《いん》を謌《うた》いては、還《ま》た涙川《るいせん》を深《ふか》くす。
三教　詠潘安詩。彌増哀哭。　潘安《はんあん》の詩《し》を詠《えい》じては、弥《いよ》いよ哀哭《あいこく》を増《ま》し、
　　歌伯姫引。還深裂酷。　伯姫《はくき》の引《いん》を歌《うた》いては、還《ま》た裂酷《れっこく》を深《ふか》くす。

「観無常賦」の一節。人の死を悼《いた》むくだり。「潘安」は、晋の潘岳、あざなは安仁。亡妻を悼んだ「悼亡詩」がある。「目泉」は、しかとした典拠はないが、涙をいうであろう。

「伯姫」は、春秋時代魯の宣公のむすめ。宋の恭公に嫁いだが、火事で焼死した。その死を悼んで保母が「伯姫引」を作ったというはなしが『列女伝』に見える。「引」は、しらべ。楽曲。「涙川」は、これも「目泉」と同じく出典探しに困るが、涙が川になるほど流れ落ちると解される。

「潘岳の悼亡詩を詠んでは涙があふれ、伯姫のしらべを歌っては涙が川のように流れる」の意。

「詞」を「歌」に変えた。意味のうえではまったく同じで通常の改変だが、空海が選んだ用字をおかしている。「目泉」を「哀哭」に、「涙川」を「裂酷」に改めた。改変された語もまたきちんとした典故があるわけではないが、『礼記』に哭するの礼があって慟哭すること、涙が激しく流れ落ちることという意は表現されている。ただしかし、「目のいずみ」「なみだ川」はそのまま歌謡の文句になる空海得意の文学的表現であるのに対して、改変された語はいずれも字の面が固いばかりでなく、もとの語とは語としてのはたらきが違う。

それはともかく、ここでの問題は「泉」と「川」が平声先韻で押韻しているのに対して、「哭」と「酷」の入声の韻に換韻していることである。この両字は前者が入声屋韻、後者が入声沃韻というように厳密には同一でないのだが、ここで換韻する理由が理解できない。

次の引用文と合わせて見れば、押韻に関する改作者の見識がわかる。

聾瞽 無常暴風。不論神仙。無常《むじょう》の暴風《ぼうふう》は、神仙《しんせん》を論《ろん》ぜず。
極悪猛鬼。貴賤縛纏。極悪《ごくあく》の猛鬼《もうき》は、貴賤《きせん》縛纏《ばくてん》す。

三教 無常暴風。不論神仙。無常《むじょう》の暴風《ぼうふう》は、神仙《しんせん》を論《ろん》ぜず。
奪精猛鬼。不嫌貴賤。精《せい》を奪《うば》う猛鬼《もうき》は、貴賤《きせん》を嫌《いと》わず。

前項に続く部分。「縛纏」は、斉竟陵王《きょうりょうおう》の『浄住子《じょうじゅうし》』出家懐道門に「已《すで》に妻子《さいし》を離《はな》れて、縛纏無《ばくてんな》し」とあり、しばりからげる、まといついて離れないということ。「極悪」とともに熟したことばである。

「無常の激しい風は、神仙なども吹き飛ばし、極悪のたけだけしい悪鬼は、身分の高い者にも低い者にもまとわりついて離れない」というのが原義。

「極悪」を「奪精」に、「貴賤」を「不嫌」に、「縛纏」を「貴賤」に改めた。「奪精」は、『金光明最勝王経』に「所有《あらゆ》る鬼神《きしん》、人《ひと》の精気《せいき》を吸《す》い、慈悲《じひ》なき者《もの》は、悉《ことごと》く遠《とお》く去《さ》らしむ」とあり、教理に配慮した改変かと思われるが、「不嫌貴賤」は明らかに上句「不論神仙」を意識した改変で、対句を整える意図をもっている。

原作の「仙」と「纏」は、前の句の「泉」と「川」に続いて平声先韻で統一して押韻する。前句で「哭」と「酷」の入声の韻に換韻した『三教指帰』も、一見、「仙」と「賤」で平声先韻にもどしたかに見えるのだが、「仙」と「賤」はただ単に「セン」と発音する分には同じであるものの、正確な音からいうと、「賤」は去声霰韻《せんいん》であり、ここでの韻字に適しない。

「仙」と「賤」で韻字をはずした改作者の見識は、次の例を見れば一層明確な過失をおかしていることがわかる。

聾瞽

食百味而婀娜鳳體。　百味《ひゃくみ》を食《く》いて婀娜《あだ》たる鳳体《ほうたい》も、
徒爲犬烏屎便。　徒《いたず》らに犬烏《けんう》の屎便《しべん》と為《な》る。
装千彩而嬋媛龍形。　千彩《せんさい》を装《よそお》いて嬋媛《せんえん》たる龍形《りゅうけい》も、
燎火之中燒燃。　燎火《りょうか》の中《なか》に焼燃《しょうねん》す。

三教

食百味而婀娜鳳體。　百味《ひゃくみ》を食《く》いて婀娜《あだ》たる鳳体《ほうたい》も、
徒爲犬烏之屎尿。　徒《いたず》らに犬烏《けんう》の屎便《しべん》と為《な》る。
装千彩而嬋媛龍形。　千彩《せんさい》を装《よそお》いて嬋媛《せんえん》たる龍形《りゅうけい》も、
空作燎火之所燃。　空《むな》しく燎火《りょうか》の焼燃《しょうねん》する所《ところ》と作《な》る。

「観無常賦」の一節。なよやかな女体も結局は動物の糞尿となり、立派に着飾った貴公子の身体もついには野火に焼かれてしまう無常の姿を説くくだり。

「百味」は、たくさんのご馳走。「婀娜」は、なよなよとしたさま。「鳳體」は、女体。「屎便」は、糞と小便。「屎尿」も同義。「裝千彩」は、美しく立派な服を着ること。「嬋媛」は、きらびやかで美しいさま。「龍形」は、男の体。「燎火」は、野火。

原作は八字句六字句で構成されているが、厳密には隔句対となっていない。『三教指帰』は、「便」字を「尿」に、さらに「之」字と「空」「作」「所」の四字を加入して八字句七字句の対句に作り直している。ただこの場合においても、「屎尿」と「所燃」はことばのはたらきがことなるので完全な隔句対とはなり得ていない。

問題はやはり「便」を「尿」に改変したことにある。ここに示した句では「便」と「燃」が韻字であって、相当前の句から辺・前・連・聯・旋と続いてきた平声先韻である。ちなみにこのあとも、筵、そしてこの項の初めで引用した泉・川・仙・纏が韻字に用いられているのであり、去声嘯韻の「尿」字に改変できないのだ。まったくの的はずれで空海自身の所業であるはずもなく、考えもおよばない悪質な改変である。

助字に関わる改変

助字の習熟は漢文読解のかなめである。江戸時代の漢学者に助字に関する指南書が多くあることからしても、その重要性がわかる。改変された『三教指帰』の助字の部分にも問題を含む箇所があり、それらについての若干に検討を加えておく。

聾瞽　咀嚼毛類。既如師虎。毛類《もうるい》を咀嚼《そしゃく》すること、既《すで》に師虎《しこ》の如《ごと》く、
　　喫噉鱗族。尤過鯨鯢。鱗族《りんぞく》を喫噉《きったん》すること、尤《もっと》も鯨鯢《げいげい》に過《す》ぐ。

三教　咀嚼毛類。既如師虎。毛類《もうるい》を咀嚼《そしゃく》すること、既《すで》に師虎《しこ》の如《ごと》く、
　　喫噉鱗族。亦過鯨鯢。鱗族《りんぞく》を喫噉《きったん》すること、亦《ま》た鯨鯢《げいげい》に過《す》ぐ。

「亀毛先生論」、亀毛先生が蛭牙公子の貪欲さを指摘して教諭するくだり。

「咀嚼」は、かみ砕いて食べること。「毛類」は、獣類。「師虎」は、獅子と虎。「喫噉」は、食べる。「鱗族」は、魚類。「鯨鯢」は、おすのくじらと、めすのくじら。「けものを食べることは獅子と虎と同じく、さかなを食べることはおすとめすのくじらよりもひどい」の意。

「尢」字を「亦」字に改める。「尢」は、「尤」の本字。もっとも。ここは「亦」字で不都合があるわけではないが、「過」字との連繋関係からして「尢」のままでよく、「亦」字に改める理由がない。加えて『聾瞽指帰』における「尢」字の使用は十例を数え、空海はこの字を好んで用いている。

聾瞽　宜示一隅。⿱孰火扣十端。　宜《よろ》しく一隅《いちぐう》を示《しめ》さん。熟《つらつ》ら十端《じゅったん》を扣《たた》け。

三教　宜示一隅。孰扣三端。　宜《よろ》しく一隅《いちぐう》を示《しめ》さん。孰《たれ》か三端《さんたん》を扣《たた》かん。

「亀毛先生論」、亀毛先生が兎角公の再三の要請を受け入れ、儒教の一端を述べようとするくだり。

「よろしく儒教の一端を示すので、それですべてを理解してもらいたい」というのが原義である。

「⿱孰火」を「孰」に、「十」を「三」に改めた。

「⿱孰火」、別体字「熟」は、つらつら。よくよく。上句の「宜」字に対応する。「孰」は、だれか。反語の助字で「だれが～～しようか。いや、しない」の義となる。「⿱孰火」字は「孰」字と区別するために火を加えたものであるから両字を混用することはない。したがって「熟」字の「火」を無視してあえて改変したものであるか、あるいは単なる誤写であるかは判断できないが、この字で現在も読まれている。いずれにしても「熟扣十端」は、「よくよく十端をたたけ」の意となり、「孰扣三端」は、「だれが三端をたたこうか。だれもたたかない」となる。これでは文になるまい。

「三端」は上句の一隅の対語であるので、従来『論語』述而《じゅつじ》篇にいう「一隅《いちぐう》を挙《あ》ぐるに、三隅《さんぐう》を以《もっ》て反《かえ》さざれば、則《すなわ》ち復《ふた》たびせず」を用いて注釈されるが、「十端」は同じく『論語』公冶長《こうやちょう》篇の「回《かい》や、一《いち》を聞《き》きて以《もっ》て十《じゅう》を知《し》る。賜《し》や、一《いち》を聞《き》きて以《もっ》て二《に》を知《し》る」を用いて注釈できる。回は、孔子の弟子中聡明第一の顔回《がんかい》をいい、賜は、子貢《しこう》の名である。

「三端」には別に熟した用例があってこれに改めるのは感心しない。すなわち『韓詩外伝』七に「君子《くんし》は三端《さんたん》を避《さ》く。文士《ぶんし》の筆端《ひったん》を避《さ》け、武士《ぶし》の鋒端《ほうたん》を避《さ》け、弁士《べんし》の舌端《ぜったん》を避《さ》く」とあり、この場合は筆端・鋒端・舌端を指していう。空海はその誤解を避けて十端としたのである。

聾瞽　豈不盛哉。不復快乎。　豈《あ》に盛《さか》んならずや。復《ま》た快《かい》ならずや。

三教　豈不盛哉。復不快乎。　豈《あ》に盛《さか》んならずや。復《ま》た快《かい》ならずや。

「亀毛先生論」、兎角公が亀毛先生の学識徳行を称賛し、それによって蛭牙公子が説諭されれば「なんと素晴らしいことでしょう。なんと痛快なことでしょう」と感嘆するくだり。「復」字と「不」字を顚倒させ上句「豈不」と同じ配置とし、もって対句の形式を整えたつもりでいると考えられるが、改作者の語法能力を疑わしめる大きな改変である。二句はともに反語の語法を用いて、強い詠嘆の意を表現する。

「豈」字は反語の助字で文頭に位置し、「哉」字と呼応して反語文を形成する。かくして「豈不○哉」はきまって詠嘆となる。一方、「復」字はそれ自体が反語詠嘆の意をもつものではない。「不復○乎」と措字されてはじめて詠嘆の意をもつ。「復不○乎」の文形では「乎」字は単なる疑問の終尾詞となってしまうのだ。

一般に副詞「復」字が「不」字と連続して用いられるとき、「復不」は全部否定、「不復」は部分否定と説明されることがある。「復不」は、「前にも～しなかったが、今度も～しない」の意、すなわち「まったく～しない」ということで全部否定。「不復」は、「前には～したが、二度とは～しない」の意となるので部分否定。したがって「復不快乎」は、「前にも快くなかったが、今度も快くなかったか」という意に解されることになる。これでは文にならない。

ちなみに「勘注抄」は「豈不盛哉。不復快乎」と原作のかたちを残して改変しない。文章博士たる敦光の見識がうかがえる。

聾瞽　豈不辱乎。不亦哀哉。　豈《あ》に辱《は》じざらんや。亦《ま》た哀《かな》しからずや。

三教　豈不辱乎。亦不哀哉。　豈《あ》に辱《は》じざらんや。亦《ま》た哀《かな》しからずや。

「亀毛先生論」、亀毛先生が兎角公の請いに応えて人間の愚かさを論じたくだり。「なんと恥ずかしいことではないか。なんと哀しいことではないか」の意。

前の句と同じく詠嘆の構文である。『論語』の学而篇冒頭に「学《まな》んで時《とき》に之《これ》を習《なら》う。亦《ま》た説《よろこ》ばしからずや。朋《とも》の遠方《えんぽう》自《よ》り来《きた》る有《あ》り。亦《ま》た楽《たの》しからずや。人《ひと》知《し》らずして慍《いきどお》らず。亦《ま》た君子《くんし》ならずや」とあってよりこのかた、「不亦〇乎」は詠嘆不動の構文で、これが「亦不〇乎」となることはない。

先の「不復快乎」も「不亦哀哉」も訓読して日本語に直すと、「復不快乎」「亦不哀哉」とまったく区別のつかない同じ読み方となる。訓読法がもつ欠陥の一つである。ここはもちろん先の「復不快乎」と同様、間違った語法理解による対句を意識した改変で、誤写などというものではない。

聾瞽　寧非大孝哉。非善友哉。　寧《なん》ぞ大孝《だいこう》に非《あら》ずや。善友《ぜんゆう》に非《あら》ずや。
三教　寧非大孝哉。亦非善友哉。　寧《なん》ぞ大孝《だいこう》に非《あら》ずや。亦《ま》た善友《ぜんゆう》に非《あら》ずや。

「仮名乞児論」、目連《もくれん》が地獄に落ちた母を救い、那者《なしゃ》が餓鬼道に苦しむ父を救ったことを称賛していうことば。

「なんと立派な孝でしょう。なんとすばらしい善知識でしょう」の意。

「亦」字を加えて五字句の対句とした。「寧」字は以下二句にかかる語法で、以下四字の対句が完成しているから「亦」字を加える必要はない。なおかつ「亦」字を置く位置が適切でないことは見てきたとおりである。この句、仁平本、成安注集本は「非亦」に作るが、建長本の癖が直らない。

聾瞽　豈不美哉。　豈《あ》に美《び》ならずや。
三教　豈不美哉。亦非幸哉。　豈《あ》に美《び》ならずや。亦《ま》た幸《こう》に非《あら》ずや。

「虚亡隠士論」、亀毛先生らが虚亡隠士に遇えたことで、古人の苦労をせずに方術の奥義を得られると喜ぶくだり。「なんとすばらしいことでしょう」。

前者が「豈不美哉」一句にとどめるのに対して、後者は「亦非幸哉」を加えて二句の対句に改めた。空海はしばしば詠嘆の句を二度重ねる句作りをするが、ここは一句にとどめた。浄書の段階で対句の片方を失念した可能性もあるが、ここは二句を続ける常態を避けた文章上の破体と考えておく。常套をはずして読み手にはっとさせる効果をもたせたのだ。『三教指帰』は空海修辞の常套をふんで「亦非幸哉」一句を補入して二句の対句とした。目に見えた改作の作業だが、これがまた問題である。前項と同じく仁平本、成安注集本は「非亦」に作るが、建長本は例示のごとくで、「亦非」は確信的な誤認だといえる。

多字形の改変

前の部分では一句四字を加えたが、一字ないしは熟語の入れ替えという単純なものではなく、多字にわたって改変するものもある。それらはほぼ「虚亡隠士論」に集中して現われ、空海二十四歳の時代とは道教に対する位置づけに時間差があるのではないかと思わせる。また用語のうえでも空海の時代にはありえない語もあるので、それらについて触れておかなければならない。

聾瞽　吁吁異哉。吾所聞學。吁吁《ああ》、異《い》なるかな。吾《わ》れ聞《き》く所《ところ》の学《がく》。

三教　吁吁異哉。卿之投藥。吁吁《ああ》、異《い》なるかな。卿《けい》の投薬《とうやく》。

「虚亡隠士論」冒頭部。亀毛先生の論をだまって聞いていた虚亡隠士が反論の口火を切るくだり。「吁吁」は、嘆きのことば。あやしみの気持ちを抱いたときに発する。「異」は、おかしい、変だ。

「ああ、おかしなことだ。わたしが聞いたあなたの学問は」というのが原義。「吾所聞學」の四字を「卿之投藥」に改めた。文言を変更し文意を大きく改変している。「吾」は虚亡隠士であり、「卿」は亀毛先生で、主客を顚倒させた。前者は穏やかないい出しであり、後者はすでに挑発的な雰囲気を漂わせている。

現代医療用語として普遍の「投薬」は、意外というべきか、古典での検索が難しく、仏典に多く用例を見る。たとえば『大智度論』巻三十一に「譬《たと》えば服薬《ふくやく》の如《ごと》し。少《すく》なければ則《すなわ》ち病《やまいのぞ》除かれず、多《おお》ければ則《すなわ》ち其《そ》の患《かん》を増《ま》す。病《やまい》に応《おう》じて投薬《とうやく》し、増減《ぞうげん》せざらしむれば、則《すなわ》ち能《よ》く病《やまい》を愈《なお》す。空《くう》も亦《ま》た是《かく》の如《ごと》し」とある。要するに医師が病人に薬を与えるさじ加減をいうのであり、それはとりもなおさず機縁に応じて自在になす釈迦の説法のたとえである。そのことばを道教先生の口からいわしめる。

聾瞽　先生若有異説乎。盖有可述。　先生若《せんせいも》し異説《いせつ》有《あ》らんか、盖《なん》ぞ述《の》ぶ可《べ》き有《あ》らざる。

三教　先生若有異聞。請爲啓沃之。　先生若《せんせいも》し異聞《いぶん》有《あ》らば、請《こ》う為《ため》に之《これ》を啓沃《けいよく》せよ。

亀毛先生が虚亡隠士に発言を促すくだり。「先生」は、虚亡隠士。「異説」は、他のすばらしい教え。「盖」は、「蓋」の俗字。「蓋」は「盍」に通じる。「盍」は音「カフ」で、「何不」の二字と音が通じ、「なんぞ〜ざる」と訓じて反語となる漢語独特の語法である。「先生にはすぐれた教えがあるようですから、それを述べてください」という意。

「説」を「聞」に改め、「乎」字を削除し、「盖有可述」を「請爲啓沃之」に改めた。「説」と「聞」は、通常のためにする改変。「異説」と「異聞」は同じ。「啓沃」は、ひらきそそぐ。異聞をひらいて自分たちにその教えをそそぐこと。つまり「その教えをお聞かせいただきたい」の意。意味内容が大きく変わるわけではないが、原作との比較では、「請」字と「啓沃」の語によって龜毛先生の儒教が、虚亡隠士の道教にへりくだった内容となっている。すなわち道教の立場が高くなっているということだ。

聾瞽　伏乞。先生發陳異聞。　伏《ふ》して乞《こ》う。先生異聞《せんせいいぶん》を発陳《はっちん》せよ。

三教　伏乞。先生莫祕春雷。　伏《ふ》して乞《こ》う。先生春雷《せんせいしゅんらい》を秘《ひ》する莫《なか》れ。

亀毛先生が虚亡隠士に発言を乞うくだりでほぼ前文に続く。「どうかお願いします。先生のすぐれた説をお聞かせください」が原義。「發陳」は、教えをひらき述べる。「春雷」は、冬眠から万物を呼び覚ます春の大音響。「發陳異聞」を「莫祕春雷」に改めた。前文と同じく原作が穏やかに発言を促すのに対して、改作されたことばは激しい。儒者が道家のことばを「春雷」をもってたとえるのであって、ここでも道教の立場を強調する配慮が見られる。

ここに見てきた改変例は、一字二字のそれではなくて、一句全体を改変してしまうものだが、その例は本文全体を通じてそれほど多くはない。ただこのような形態が「虚亡隠士論」にほぼ集中している点が気にかかる。改変部があるいは文意を強め、あるいは読みやすくするものであり、それはとりもなおさず道教の立場を押し上げる効果をもたらしているからである。「虚亡隠士論」は道教が主役だといえばそれまでだが、道教に対する見方に変化があるからではないかとも思う。すなわち『後漢書』方術列伝、『抱朴子』『神仙伝』などを用い、神仙の世界を主として書かれた『聾瞽指帰』の時代からすると、道教を取り巻く環境または受容する手法に変化があってもおかしくない。

日本における道教の展開は、かならずしも神仙を求道する方向をとらず、実践の主たる道術は、修験道《しゅげんどう》、陰陽道《おんみょうどう》、その他土俗の神事、あるいは健全な薬方などに向かったとするのがおおかたの理解である。なかでも修験道や陰陽道は時間の経過とともに道教の一部を融合して日本独自の展開を見せており、道教への対応に配慮が求められていた。『三教指帰』「虚亡隠士論」の改変部にはそのような背景があると考えられ、それはまた偽撰の時期とも関わる問題である。

用語に時間差が認められる改変

次に、用語のうえでも空海の時代にはあり得ない語が使われているので、それを指摘しておこう。

聾瞽　橡飯茶菜。一旬不給。　橡《しょう》飯《はん》茶《と》菜《さい》も、一旬《いちじゅん》を給《きゅう》せず、
　　千結葛褞。二肩不蔽。　千《せん》結《けつ》葛《かつ》褞《おん》も、二肩《にけん》を蔽《おお》わず。

三教　橡飯茶菜。一旬不給。　橡《しょう》飯《はん》茶《と》菜《さい》も、一旬《いちじゅん》を給《きゅう》せず、
　　紙袍葛褞。二肩不蔽。　紙《し》袍《ほう》葛《かつ》褞《おん》も、二肩《にけん》を蔽《おお》わず。

「仮名乞児論」、仮名乞児の生活信条を説くくだり。

「過ぎるほどに粗末な食べ物さえも十日と続かず、ぼろぼろの衣服もなお両肩が見えるありさま」という意。

「橡飯」は、とちの実のめし。「茶菜」は、人がいやがって食べない苦い野菜。「千結」は、つくろい合わせたぼろ着。「葛褞」は、粗末な着物。

「千結」を「紙袍」に改めた。「千結」は「百結」を空海流に誇張した表現。「百結」は、『法苑珠林』巻五十六に「身《み》に百結《ひゃくけつ》の縷《ぼろ》を被《かぶ》り、郷里《きょうり》に既《すで》に田宅無《でんたくな》し」とあり、『芸文類《げいもんるい》聚《じゅう》』巻八十五・布帛部が引く北周庾信《ゆしん》の「趙王《ちょうおう》の白羅《はくら》の袍袴《ほうこ》を賚《たま》うるを謝《しゃ》するの啓《けい》」に「千金《せんきん》の暫暖《ざんだん》を披《はお》り、百結《ひゃくけつ》の長寒《ちょうかん》を棄《す》つ」とあるように、用例検索にこと欠かない語で、幾種ものぼろ衣を綴って作った衣服、あるいは継ぎはぎだらけの衣服、要するに貧する者が着る弊衣をいう。

「紙袍」は、古い用例を見ない語で、あるいはここでの使用を最古の例と考えてよいであろう。ただその意は、字意からして「紙子《かみこ》」とも書く紙衣を指すことは容易に察しがつく。東本願寺第二十三代法主で俳人でもあった大谷句仏《くぶつ》（光演、一八七五—一九四三）に「もったいなや　祖師は紙子の　九十年」の句がある。大約、かの親鸞聖人は粗末な紙子を着て九十年の生涯を過ごされたという感懐を詠んだ句である。いまでは甚だ高級な衣服とも考えうるが、元来は句仏がいうように貧者や僧が着する弊衣であった。したがって

「千結」から「紙袍」への改変は原作の文意を壊さず正鵠を射るかに見えるが、これこそじつは改作者痛恨の大失策であった。紙衣は空海の時代に存在しなかったと考えられるからである。

紙袍が漢籍に用例を見ないのも道理というもので、紙子は強靭な和紙にしてはじめて成る日本固有の文化である。飯島太千雄氏の教示によれば、藤原道長《ふじわらのみちなが》（九六六―一〇二七）の『御堂関白記《みどうかんぱくき》』長和五年（一〇一六）五月十一日の条に「広業朝臣非時。僧加紙衣装束等」とあるのが我が国「紙衣」の初出であるという。『御堂関白記』の記事は「広業朝臣《ひろなりあそん》、非時《ひじ》（をつかさどる）。僧《そう》に紙《し》衣《い》装束《しょうぞく》等《とう》を加《くわ》う」と読むか。「広業朝臣」は道長の部下であった藤原広業《ふじわらのひろなり》（九七七―一〇二八）のこと。「非時」は、「非時食《ひじじき》」の略。「非時」のもともとの意味は、僧は正午以後食事をしてはならないという戒律。「非時食」はその戒律のなかで、あえて食事を出して供養とすること。藤原道長は、母をはじめとする親族の命日に、現在の京都御苑内の東にあった土御門第《つちみかどだい》と称した大邸宅に僧を集めて『法華経』を読誦し講義する法会《ほうえ》を主催した。参会《さんえ》した僧は百人に達することもあったという。そのときの儀式の一つに「非時食」があり、その儀式を藤原広業に取り仕切らせた。時に僧たちに「紙衣ならびに装束（法衣《ほうえ》か）など」を下付したというのが日記文の意味である。

また、永久四年（一一一六）に成立した『朝野群載』巻第二所収の花山法皇（九六八―

一〇〇八）撰「書写山上人伝」、すなわち播磨の書写山円教寺を建立した性空《しょうくう》（九一〇―一〇〇七）の伝記文では、性空の人となりを記して「紙を以て衣裳と為す」とあり、性空の生活環境が変わったのちも「紙衣は改めず」とある。この文章に対する資料としての評価を知らないので即断は避けるが、いずれにしても、十世紀末から十一世紀初にかけて「紙衣」が着用されるようになったことがわかる。

空海の時代、紙は官製の院紙できわめて希少、主として公文書あるいは写経等に供される貴重品であった。衣服の代用とする弊衣などに使用する物ではあり得ない。これが大量に生産され、したがって弊衣ともなり得るのは早くとも平安中期以降のことである。十世紀になって各地に展開する荘園が経済的社会的に大きさを増し、荘園主はその経営に腐心しなければならない事態におちいった。かくして経済を補う一端として紙漉《す》き職人が各地に養成され、紙の大量生産が始まった。現在、全国各地に存在する和紙の特産は、主としてこれを源流とする。生産量が増えた和紙は、楮《こうぞ》、雁皮《がんぴ》、それにやや遅れて三椏《みつまた》などを原材料とし、とろろあおいの根や、のりうつぎの樹皮から抽出した「ねり」といわれる粘剤を混ぜて繊維をつなぐ。極めて良質強靭、ついには書き損じた紙を利用して僧などが紙衣にして暖を取るに至り、やがては一般にも普及して織物を入手しがたい貧者がこれを用いるようになったのである（元大谷大学教授で和紙研究者の高橋正隆氏の教示による）。このように紙の歴史を概観すると、「千結」を「紙袍」に改作し得る人は平安中期以降の人物ということになる。

五、空海伝をめぐる諸問題

「序文」と「十韻詩」の全容と本文の一部を読み終えて、両指帰相互の間にずいぶんな違いのあることが理解されたと思う。ここではその他もろもろの問題を見ておこう。

『聾瞽指帰』の自注と『三教指帰』

『聾瞽指帰』には空海自身が注をほどこした部分が十カ所にわたってある。それはことごとく「仮名乞児論」に集中してあり、いずれも仮名乞児にいわせる空海の自伝的記述に属する部分である。

着道神屩。弃紫皮履。　道神《どうしん》の屩《きゃく》を着《は》きて、紫皮《しひ》の履《くつ》を棄《す》つ。

仮名乞児の風采をいう場面。「道神」は、道祖神。「屩」は、草履《ぞうり》。道祖神に草履を供える風習があったか。「道祖神に供えるような粗末な草履をはいて」の訳があるのでそれに従う。「紫皮」は、美しく立派な皮。『三教指帰』はわかりやすく「牛皮」に作る。立派な皮のくつをすてる。

「道神」に「布奈登能加未（フナトノカミ）」と万葉仮名による自注を付している。「フナト」は、道祖神の古語。「道神」は典故のあることばで、神話上の天子黄帝の子の累祖《るいそ》。累祖は遠遊を好んで道に死に、まつられて道の神となった。しかしそれは日本で独自に発達した道祖神信仰の神とはイメージが異なるので、注をほどこして漢語とは異なる意味づけをしたのである。

阿毗私度。常爲膠漆之執友。
光明婆塞。時爲得心之檀主。

阿毗私度《あびしど》は、常《つね》に膠漆《こうしつ》の執友《しつゆう》為《た》り。
光明《こうみょう》婆塞《ばそく》は、時《とき》に得心《とくしん》の檀主《だんしゅ》為《た》り。

仮名乞児の境涯を語る部分。「阿毗」は、「阿毘」に同じで、仏典に用語をかりた架空の人名だが、自注に「阿卑法師」とあるからモデルがあるか。「私度」は、私度僧。官が公認し度牒《どちょう》（免許証）を発行した正式の僧に対して、非公認の僧をいう。僧には租税、賦役などが免除される特権があり、課税を免れるために僧の体裁をよそおう者も少なくなく、しばしば取締りの対象となった。「膠漆」は、にかわとうるし。接着力の強いことにたとえる。「執友」は、こころざしを同じくする親友。

「光明」は、これも仏典に用語をかりた架空の人名。自注に「光名能優婆塞（コウミョウノウバソク）」とある。「婆塞」は優婆塞で在俗の仏教信者をいう。「信士」などと訳される。「光名」が表記すべき実際の名であるが、それを仏教用語として普遍的な「光明」としたので自注をほどこしたのだ。出自の佐伯氏、母方の阿刀氏などにモデルがあるか。「得心」は、満足するの意だが、『三教指帰』は『法苑珠林』に「篤信《とくしん》の檀越《だんおつ》、重心《じゅうしん》もて施《せ》物《ぶつ》す」とあるのによって「篤信」に改めている。信仰があつい。「檀主」は、檀越、檀那、信心のあついスポンサー。

「私度僧の阿卑法師はかたく結ばれた親友であり、光名という信士は信仰があつい檀越である」という意。

文は前文に続いて、山岳修行の経歴を記す。

或登金巖而。逢雪坎壈。
或跨石峯而。絶粮轗軻。

或《あ》るときは金巌《きんがん》に登《のぼ》りて、雪《ゆき》に逢《あ》いて坎壈《かんらん》たり。
或《あ》るときは石峯《せきほう》に跨《また》がりて、粮《かて》を絶《た》ちて轗軻《かんか》たり。

「金巖」は漢語的に表現したが、固有の山名。「加祢乃太氣（カネノタケ）」と万葉仮名を用いた自注がある（図11）。おそらくは愛媛県大洲市にある出石山《いずしやま》をいうであろう。金を産出する金山で、空海の山岳修行の場であった。この山については別に奈良県大峰山系の金峰《きんぷ》山《せん》とする説があるが、根拠に疑問をもつのでとらない。「而」は、接続の助字。いまの訓読法では下の句の初めにつけて「或登金巌。而逢雪坎壈」とし、「或いは金巌に登りて」と訓じて接続助詞「て」で読み、「而」字は置き字として読まないのが通例だが、

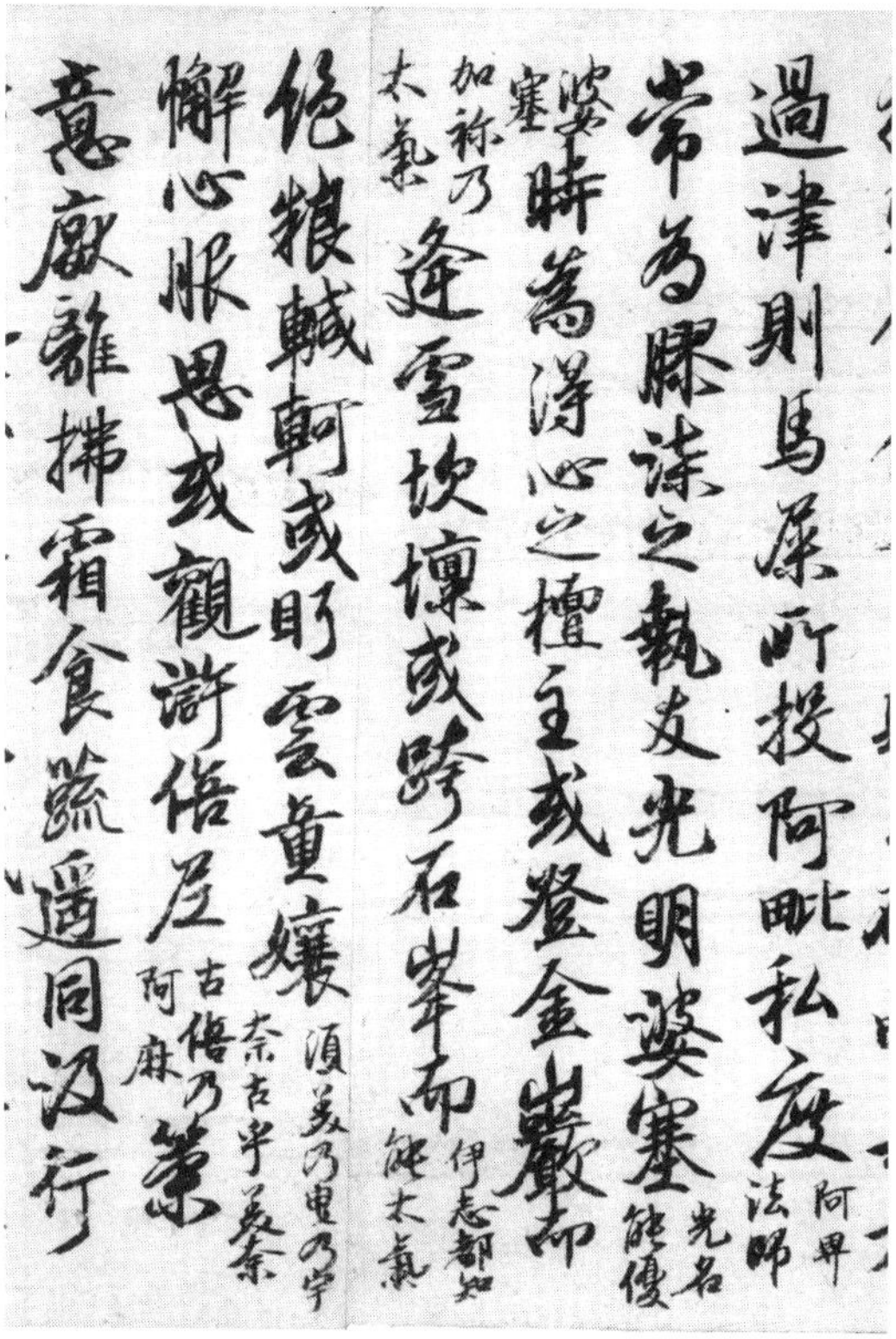

図 11　国宝『聾瞽指帰』

「加祢乃太氣」の自注をこの字の下につけているから、空海の語気は明らかに表示したかたちで息をついでいる。『古事記』に見られる表現法で、万葉仮名で注をほどこすことに関わってその表記法にならったと思われる。「逢雪」を『三教指帰』は「遇雪」に作るが意味に変動はない。「坎壈」は、困窮すること。降雪に遭って疲れはてる。

「石峯」は、『文選』に出典をもつ語だが、これも「伊志都知能太氣（イシヅチノタケ）」と自注するように固有の山名である（図11）。愛媛県西条市にある石槌山《いしづちやま》（石鎚山）をいう。標高二千メートルになんなんとする近畿以西の最高峰で、難度の高い修験道の山であった。「絶粮」は、食糧がなくなること。これを断食と解するむきもあるが、修行の意識を強調した解釈で、対語である「逢雪」との関係でいえばそこまでいう必要はない。高い山に登れば気候の変化などに遭って思わぬ時間を要して食糧を欠く事態もおきる。『三教指帰』は「而」を「以」に改変して「或跨石峯。以絶粮輱軻」（或《あ》るときは石峯《せきほう》に跨《また》りて、以《もっ》て粮《かて》を絶《た》ちて輱軻《かんか》たり）とする。ここも意味に変動はないが、読むときの息のつぎ方がもとのかたちとは異なることになる。「輱軻」は、轗軻に同じ。車が思うように進まないさま。つまりは山岳修行の目標が達成できないでいる様子をいう。

「あるときは出石山に登って降雪に遭って疲れはて、あるときは高い石槌山に登って食糧が絶えて困りはてた」との意。

文章はさらに続く。

或眄雲童嬢。懈心服思。　或《あ》るときは雲童《うんどう》の嬢《むすめ》を眄《み》て、心《こころ》を懈《おこた》らせて服《おも》い思《おも》う。

或観滸倍尼。策意厭離。　或《あ》るときは滸倍《こべ》の尼《あま》を観《み》て意《こころ》を策《はげ》まして厭離《おんり》す。

「雲童嬢」は、難解だが、ここにも「須美乃曳乃宇奈古乎美奈（スミノエノウナコオミナ）」の自注がある（図11）。この万葉仮名自体の読み方も難解だが、ともあれ「すみのえ」は「住吉」の古い読み方、そこのぴちぴちした海女《あま》の乙女と解されている。大阪市の住吉大社が所在するところの近くに住吉津《すみのえのつ》があった。河内、大和につながる要衝の地で、讃岐から海路を瀬戸内にとればこの津に上陸したかと思う。空海が回を重ねて往来した土地だ。『三教指帰』建長板本は「嬢」を「娘」に作るが、意味に変動はない。「眄」は、ちらっと見る。「懈心」は、なまけ心をおこすこと。「服思」は、深く思い続ける。『詩経』冒頭「関雎《かんしょ》」の詩に若い君子が乙女を求めて「思い服《おも》う」とあるによる。

「滸倍」は一層難解。難解であるから「滸倍尼」にも「古倍乃阿麻（コベノアマ）」と自注をほどこしている（図11）。対句対語の原則からすると「雲童」が住吉《すみのえ》であるなら、「滸倍」は「こべ」と呼称される地名でなければならないが、現在に至ってなお正解を得てい

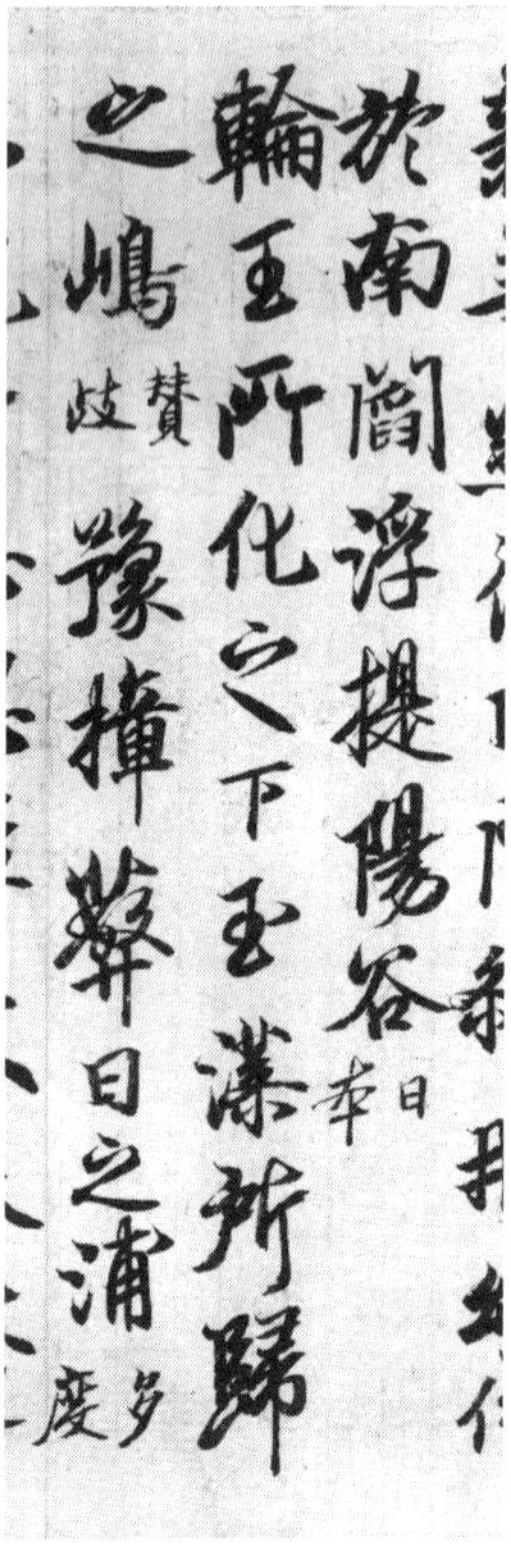

図12　国宝『聾瞽指帰』

ない。「観」は、じっと見る。「策意」は、心をむちうってはげむ。「厭離」は、俗世をいとい離れる気持ちを強くもつこと。ここは、「住の江の若い海女を見てはなまけ心をおこして女に思いをはせ、コベの尼僧が修行に打ち込む姿を見ては心をはげましてこの世から離れようという思いを抱いた」という意。

南閻浮提陽谷。　南閻浮《なんえんぶ》提《だい》の陽谷《ようこく》、
輪王所化之下。　輪王《りんおう》化《か》する所《ところ》の下《もと》、
玉藻所帰之嶋。　玉藻《たまも》帰《よ》る所《ところ》の嶋《しま》、
豫樟蘇日之浦。　豫樟《よしょう》日《ひ》を蘇《おお》うの浦《うら》に、

仮名乞児の議論に感心した虚亡隠士があらためてその出自を問い、仮名乞児がそれに応えたくだり。「南閻浮提」は、仏教の世界観でいうわれわれが住むこの地域。世界。「陽谷」は、太陽の上るところ。東方。本文はこの下に小字で「日本」と自注する（図12）。「輪王」は、貴位の高いものを統括する転輪王。天皇にたとえる。「化」は、教化。

「玉藻」は礼式に用いる冠の飾りをいい、『礼記』の篇名にもなっている語であるが、そのことばを用いながら空海の意図は別なところにあった。『万葉集』柿本人麻呂《かきのもとひとまろ》の長歌に「玉藻《たまも》よし、讃岐《さぬき》の国《くに》は、国柄《くにから》か、見《み》れども飽《あ》かぬ、神柄《かむから》か、（略）」とある讃岐の枕詞としてこの語を使ったのだ。だからこの句の末に注して「賛岐」と筆を加えた。「豫樟」は、楠木。前漢の東方朔撰と伝える『神異経』に「東方《とうほう》の荒外《こうがい》に豫《よ》章《しょう》有《あ》り」とあり、語はこれにとるが、「豫樟蕣日之浦」の句末にも「多度」の自注があり、多度郡の屏風浦《びょうぶがうら》と解されている（図12）。要するにここは、「日本国の天皇が統治する讃岐の国の多度郡屏風浦に住んでいる」という意である。

このようにして『聾瞽指帰』の自注を見てみると、それらは神名・山名・人名・地名・国名・郡名など日本固有のことばを、漢語で表記した部分にほどこされていることがわかる。そこには漢文を書くにあたって、和文の臭いが入り込む余地を可能なかぎり排除しようとする空海の強い意志が表われている。「日本」「賛岐」「多度」という語でさえこれを用いず自注で意の不足を補っているのだ。少なくともここでは「阿國大瀧嶽」「土州室戸崎」という直接の表現を避けていることは理解されよう。自注は空海にとって必然の作業であったのだ。したがって逆説的にいえば、自注のあるところ、これを除外するとその句の解釈はまったく見当違いになってしまうということになる。

これらの部分の本文は、多少の異同があるものの両指帰は同文である。しかし驚くべきことに『三教指帰』は『聾瞽指帰』の自注をことごとく削除してしまっているのだ。自注なくしてこの部分をどう読むか。まさに難題というほかない。

そこで成安の『三教指帰注集』に目を転じてみる。『三教指帰』をあたかも聖典の名を称えるごとく丁重にあつかってきた後生の人たちがこの部分をいかに解釈してきたか。ここでも驚きがさらに倍増される。自注十条のうち前七条には触れるところがないのだ。「金巖」「石峯」「雲童」「滸倍」などどのように理解して読んだのであろうと深い疑念を抱かざるをえない。

成安の注はあとの三条にかろうじて見える。すなわち「南閻浮提陽谷」に対して「注云。本注云。日本國」（注に云う。本注に云う、日本国なりと）と記し、「玉藻所歸之嶋」に「注云。本注云。讃州」（注に云う。本注に云う、讃州なりと）と記し、「豫樟蕣日之浦」に「注(云)。本注云。多度郡也」（注に云う。本注に云う、多度郡なりと）と記している。初めに

「注に云う」とあるのが成安の注、次に「本注に云う」以下がその注文だが、文言が異なるからここにいう「本注」は『聾瞽指帰』の自注を指すのではあるまい。成安が施注にあたって手にした書に、あるいは『聾瞽指帰』の自注にならった体裁をもって注がほどこされていたということであろう。なお余談になるが、成安が本注にいうとした「讃州」は律令制下における国名「讃岐」を唐風に表記したもので、その用例は、菅原道真《すがわらのみちざね》（八四五―九〇三）が「駅楼《えきろう》の壁《へき》に題《だい》す」詩で讃岐の国司を「讃州刺史《さんしゅうしし》」と表現したことを古いとされるが、ここでの使用も比較的早い時期の例かと思う。刺史は、唐制でいう州の長官。

空海の出身についてのみ「日本國」「讃州」「多度郡也」と表記を書き換えて残し、他の自注をすべて削除したテキストが存在した事実は、新たな問題を提示する。なにゆえに前七条の自注を削除したかという問題である。

『三教指帰注集』は「雲童孃」に注して「注云。玉篇云。孃老女之號」（注に云う。玉篇に云う、孃は老女の号なりと）という。老女は、嫁《とつ》がずに年老いた女性をいう。「孃」字は一般には娘と同義と解するのが普通で、成安が『玉篇』を引いて「老女」としたのはあえてなす曲解。ここに空海の自注をことごとく削除した意味が潜んでいるのではないか。

これを要するに、その根底には女性問題に対する強い忌避観念がはたらいているように思う。序文における『遊仙窟』とも関わって、ここでは「雲童孃」に付された「スミノエノウナコオミナ」の自注はあってはならないのだ。弘法大師が住吉のぴちぴちした海女に気を惑わされることはあってはならないことなのだ。したがって文章の解釈は二の次において、これを含む自注はすべて削除する必要があった。これはのちに展開される女人《にょにん》禁制、女人高野につながる問題であり、あるいは通俗に読まれては困る『理趣経』を抱え持つ反動であったとも考えられる。

「雲童」「滸倍」の出典と解釈

運敞の『三教指帰註刪補』はその考証が詳細で、現代の『三教指帰』注解にも強い影響をおよぼしている。ただ明暦三年（一六五七）十月にこの書を書き終え、万治二年（一六五九）二月に序文をしたためて開板した時点で、学僧は秘蔵の『聾瞽指帰』を見ていなかったのか、空海の自注に触れず、もっぱら出典の検索に注力している。たとえば「雲童」に注して「李嶠《りきょう》の百詠《ひゃくえい》に曰《いわ》く、雲童《うんどう》海《うみ》を出《い》でて見《あら》わる」と述べて出典を示し、以下に『神異経』『文選』などの書から「童子」「海童」「仙童」「海神」などの意をみちびいている。李嶠は唐代初期の詩人で政治家。その詠物詩「李嶠百二十詠」は早く日本に伝わり、「李嶠雑詠」とも称して珍重された。嵯峨天皇の宸翰と伝える「李嶠百詠」断簡はいまに残って有名である。空海がこの語を「李嶠百詠」にとったことは間違いないであろう。ただしその意は「海童」でも「海神」でもなく、自ら「雲童孃」に注した「須美乃曳乃宇奈古乎美奈（スミノエノウナコオミナ）」であった。

「許倍尼」について運敞はまず「未《いま》だ詳《つまび》らかにせず」として正解を得ないことをいい、「旧注《きゅうちゅう》に曰《い》う。王法正論経《おうほうせいろんきょう》第一《だいいち》に曰《いわ》く、昔《むかし》毘舎離《びしゃり》国《こく》に王有《おうあ》りて毘舎離《びしゃり》好容王《こうようおう》と曰《い》う。一《いち》州《しゅう》の内《うち》に美女《びじょ》を求《もと》めて八万四千《はちまんよんせん》の后《こう》と為《な》す。其《そ》の中《なか》の許倍尼《こばいに》は后《こう》の第一《だいいち》なり（略）」という。「旧注」は「覚明注」を指す。そのうえで運敞は「王法正論経《おうほうせいろんきょう》は未《いま》だ検得《けんとく》せず」としている。

『王法正論経』は、空海が唐から持ち帰った経典類の記録『根本大和尚《こんぽんだいおしょう》真跡策子《しんせきさくし》等目《とうもく》録《ろく》』に「王法正論経　一巻　不空訳」とあり、空海の代表的な思想書『秘密曼荼羅《ひみつまんだら》十住《じゅうじゅう》心論《しんろん》』（十住心論）およびこの書を要約してわかりやすくした『秘蔵宝鑰《ひぞうほうやく》』に同経典からの引用があるが、運敞がいうようにその所在はいまも明らかでない。あるいは不空訳とする同経は一巻本だが、「旧注」に引く『王法正論経』はその「第一」に曰く」とあるからこちらのほうは複数巻ある別物である可能性もある。いずれにしても「許倍尼」はほかに見出すことは困難で、空海はこの語を『王法正論経』からとったと考えられる。経典にいう意は毘舎離国の好容王のきさきである美女の名であるが、その名にかりた空海の意は「コベノアマ」であった。

運敞はまたもう一つ注解をこころみ、「瑜師《ゆし》の真俗雑記《しんぞくざっき》に、或《あ》るひと許部《こべ》は面皺《めんしゅう》の倭語《わご》なりと謂《い》う」とする。「瑜師」は鎌倉時代の僧頼瑜《らいゆ》（一二二六—一三〇四）、さまざまな事柄を問答体で著わした『真俗雑記問答鈔』がある。「面皺」は顔のしわ、それを古語で「許部」すなわち「コベ」といったのだという。つまり「許倍尼」は、しわだらけの老尼と解することになる。「雲童孃」が若い海女のむすめとすれば、その対語としては都合のよい解釈で、現在通行する訳注諸本もおおむねこれによっている。

京都智積院で運敞に学んだ実貫《じっかん》は、宝永四年（一七〇七）に師のあとをついで梅国泰音《ばいこくたいおん》の名において『三教指帰刪補鈔《さんぼしょう》』を上梓した。梅国は号で泰音はあざなである。時に実貫すなわち泰音は『聾瞽指帰』閲覧の機会を得ていたようで、空海の自注を抜き出して万葉仮名に注釈を加えている。その注釈をそのまま受け止めるには躊躇するところもあるが、ともあれ「須美乃曳《スミノエ》ハ住江《スミノエ》ナリ。摂津《せっつ》ノ国《くに》ニ在《あ》リ」とし、「古倍《こべ》ハ里《さと》ノ名《な》。摂津《せっつ》ノ国《くに》ニ在《あ》リ」とする。次いで「阿麻《あま》ハ尼《あま》。謂《いわ》ク女《おんな》ノ通称《つうしょう》ナリ」として「阿麻」を美女と解することには賛成しかねるが、すでに述べたように「住吉」の対語として「古倍」を地名とする点では一致する。

「摂津の国の古倍」と神戸

平安中期の源　順《みなもとのしたごう》が編纂した百科事典『和名類聚抄』の二十巻本では律令制下の国名、郡名、郷名が記録されている。古い地名はこれによるのが常套で、「住吉」は摂津の国の郡名に記されているが、「古倍」は郷名にも見当たらない。「古倍」は「スミノエ」がそうであったように「コベ」と発音する読み方を記したものであり、「古倍」がそのままの表記で地名であるわけではない。

そこで一定の条件を仮定して「コベ」を探してみることにした。「金巌」と「石峯」が伊予の国の山岳であったから、「住吉」が摂津の国の海浜なら「古倍」はやはり摂津の国の海浜であることが文章の構成上望ましい。加えてその地は、伝説にせよ何にせよ、空海ゆかりの地でなければならない。しかしこの仮定条件に適合した地名に出遇えない。そこでふと「神戸」を思いついた。令制では五十戸を一まとまりとして「郷」（里）とし、その余った戸ないし山間部などの過疎地で戸数の足りないところを「余戸」とするが、その読み方は地域や時期によって「あまりべ」「あまるべ」「あまべ」「ようご」「よど」などとするように、「こうべ」もその「う」が消えて「こべ」と呼ばれたときがあってもよいではないかという素人のまったく勝手な思いつきである。

『和名類聚抄』摂津の国の八田部《やたべ》郡に「神戸」の郷名があり、今の神戸市中央区一帯、三ノ宮、元町など神戸の中心部に比定されている。

「神戸」は格式の高い神社の社領で、神社に税を納める民戸の集落である。神社は全国至るところに存在するから「神戸」もまた至るところに存在する。江戸時代初期の那波道円《なわどうえん》（一五九五―一六四八）が校訂した元和古活字本『和名類聚抄』は、固有の郷名には万葉仮名で読み方を示すが、制度上各地に存在した「神戸」「余戸」などはその読みを示さない。底本とした古写本にならったものであろう。

また、大坂心斎橋筋順慶町の渋川清衛門を版元とする刊本には元和古活字本を基本としながら片仮名で振り仮名をほどこしたものがある。そこでは「神戸」はおしなべて「カムヘ」すなわち「かんべ」とするが、現在の地名で「ごうど」「こうど」「ごうと」「かのと」「かんど」「かど」「じんご」などと読むことがあるから、すべてを「カムヘ」とするのはいかがなものか。

神戸といえば生田神社、長田神社がある。ともに神功皇后が三韓に遠征した帰途に船が難航し、神の託宣を得て難を脱したときに建てられたとする神社で、はなしのすじが同じ縁をもつ住吉大社の建立と共通する。なかでも生田神社の祭神は稚日女尊《わかひるめのみこと》という女神で、「神戸」はその封戸であることから「雲童」との関わりがしのばれておもしろい。

ＪＲ元町駅の北側六甲山系の入り口に「大師道」がある。弘法大師がその先の再度山《ふたたびさん》に登った道と伝える。再度山は標高四百七十メートル、頂上の手前約百メートルの地点に東寺真言宗別格本山大龍寺《たいりょうじ》がある。神護景雲二年（七六八）に和気清麻呂《わけのきよまろ》がこの地に観音霊場を創建、大龍寺はこれを承けて建立された。空海は渡唐の直前と直後の二度にわたってこの霊場に参詣したという。安全祈願とお礼参りということである。再度山はもと摩尼山《まにさん》あるいは多々部山《たたべやま》と称したが、空海が再度お参りした故事によって改められたという。

渡唐の前後に二度登山したというのは、時期としてとてもその余裕があるとは思えないからそれははなしとして聞きおいて、青年空海が故郷讃岐と奈良、京都を往復する途次この地に立ち寄ったとして不思議ではない。讃岐を出港して小豆島を経由し、大輪田泊《おおわだのとまり》に入港して摩尼山（再度山）に登って修行にはげむ、そういうことはあってしかるべきことなのだ。「大師道」はいまハイキングコースとして人気がある。難度の高いコースではないが、装備は整えて登らなければならない。

大龍寺の所在地「神戸市中央区神戸港地方再度山一《こうべこうじかたふたたびさん》」は一風変わった住居表示だ。神戸港地方は、神戸港のうち市街化されていない山間部という意味で、神戸市中央区の大字《おおあざ》だと説明されている。神戸港とは関係の薄い山間部だが行政区画上は中央区に属するということであるから、ここも「神戸」郷のうちと考えてよいかと思う。

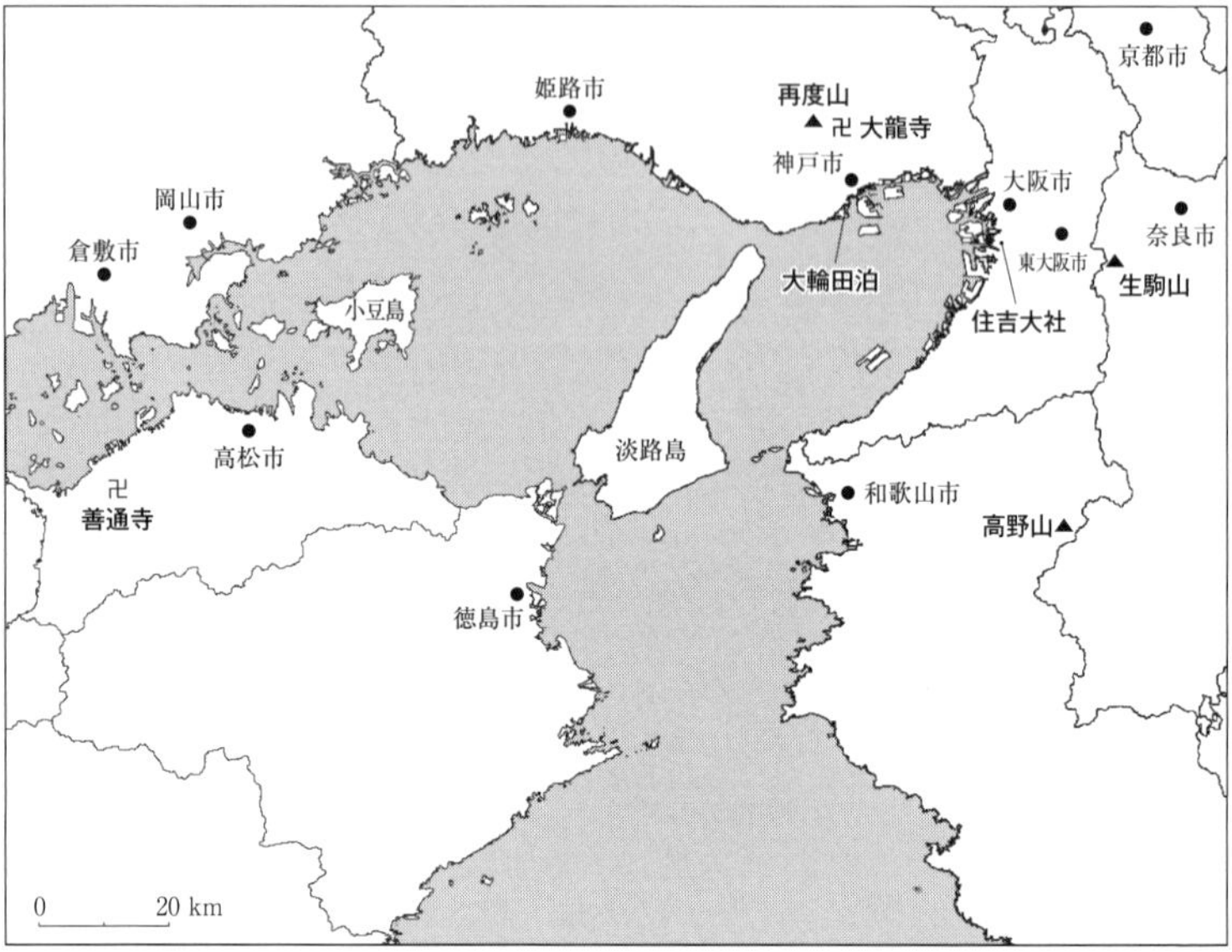

図 13　大阪湾周辺地図

地図でみると神戸港地方と称される地域は再度山を中心にして相当に広い。その西方は神戸市北区山田町小部という地に接する。「小部」の表示が気になってその読み方を尋ねると「おぶ」だという。その由来は山系の一尾根を形成するところから一帯を「尾部《おぶ》」といい、転じて「小部」となったという。地名の由来は異説もあって難解だが、「こべ」とは読まないようだ。

「神戸」郷から離れると、この地域には空海ゆかりの地が多い。近くに空海が唐から持ち帰った釈迦の母の摩耶《まや》夫人《ぶにん》像を奉安したと伝える摩耶山天上寺があり、六甲山系東側の甲山《かぶとやま》山麓に神呪寺《かんのうじ》（西宮市）、すぐその近くに鷲林寺《じゅうりんじ》がある。

甲山は広田神社の神が鎮座する神奈備山《かんなびやま》であり、周辺は同神社の社領つまり「神戸」であったと考えられ、加えてこの神社もまた神功皇后が三韓征討にまつわって託宣を受けて建てられたという。主祭神は女神の天照大神荒魂《あまてらすおおみかみあらみたま》、ここにも住吉、生田との共通した縁がつながる。

神呪寺は淳和天皇（七八六―八四〇）の第四妃真名井御前《まないごぜん》が三年間修業したところで、真名井御前はその後空海によって剃髪して如意尼《にょいに》となった。時に和気清麻呂の二人の孫娘もともに出家し如一《にょいち》と如円《にょえん》と称した。空海は如意輪観音を厚く信仰した如意尼のために如意輪観音像を彫って神呪寺本殿の本尊としたと伝える。また鷲林寺は淳和天皇の勅願によって天長十年（八三三）に空海が開創したという。本尊の十一面観世音菩薩像は空海の作と伝える。

しかし、再度山大龍寺は空海の入唐帰国に関わるはなしであり、甲山神呪寺は尼僧の修行と連なるものの、淳和天皇天長年間のはなしであって、『聾瞽指帰』の記載とは時間が合わない。「こべ」と呼称される問題も未解決のままだ。「かんべ」から「こんべ」となり、次いで「こうべ」となったという説はあるが、「こべ」にはいきつかない。最近なにごとも短縮して表現する風潮があり、「神戸っ子」（こうべっこ）とするところ「こべっこ」と称する例を見るが、これを採用するわけにはゆかぬ。そこで地名探しの条件を「こべ」に絞り込んだ。

「滸倍」は小豆島の小部か

空海二十四歳までの行動範囲のなかで「コベ」と呼称する地に、香川県小豆《しょうど》郡土庄町《ぐんとのしょうちょう》小部《こべ》がある。小豆島八十八カ所霊場第八十一番霊場「恵門《えもん》ノ瀧《たき》」の所在地で、標高四八八メートルの恵門山頂上の手前、標高約三八〇メートル地点にその霊場はあり、播磨灘の海浜に面している。

小豆島土庄町立中央図書館が所蔵する『大部《おおべ》村《むら》資料』に大部村の沿革を述べて次のようにいう。

> 紀元一千三百四十一年。天武天皇第一ノ皇子草加部王《くさかべおう》ノ御名代《みなしろ》トナルヤ、大野手比売《おおぬでひめ》ノ大《おお》ト、草加部王ノ部《べ》トヲ採リテ大部《おおべ》ノ名ヲ付ケシトイフ。（略）小部《こべ》ハ大部ノ東ニアリテ、部落小ナルガ故ニ名《なづ》ケシナリ。

「紀元一千三百四十一年」は、西暦六八一年。「草加部王」は、天武天皇の子の草壁皇《くさかべのおう》子《じ》。「御名代」は「名代《なしろ》」を丁寧にいった表現。御料地。「大野手比売」は、『古事記』にいうイザナギとイザナミが島産みをした小豆島《あずきじま》をいう。

西暦六八一年、天武天皇白鳳九年に小豆島が草壁皇子の御料地となったときに、「大野手比売」の「大」と「草加部王」の「部」をとって「大部」の名が始まり、隣接するそれより小さな部民《べみん》の集落を「小部」と称したと伝えるという。その真偽は不明であるが、ともあれ「大部」も「小部」もその由来するところは古く、読み方も変わらずに長く続いてこんにちに至っていることがわかる。

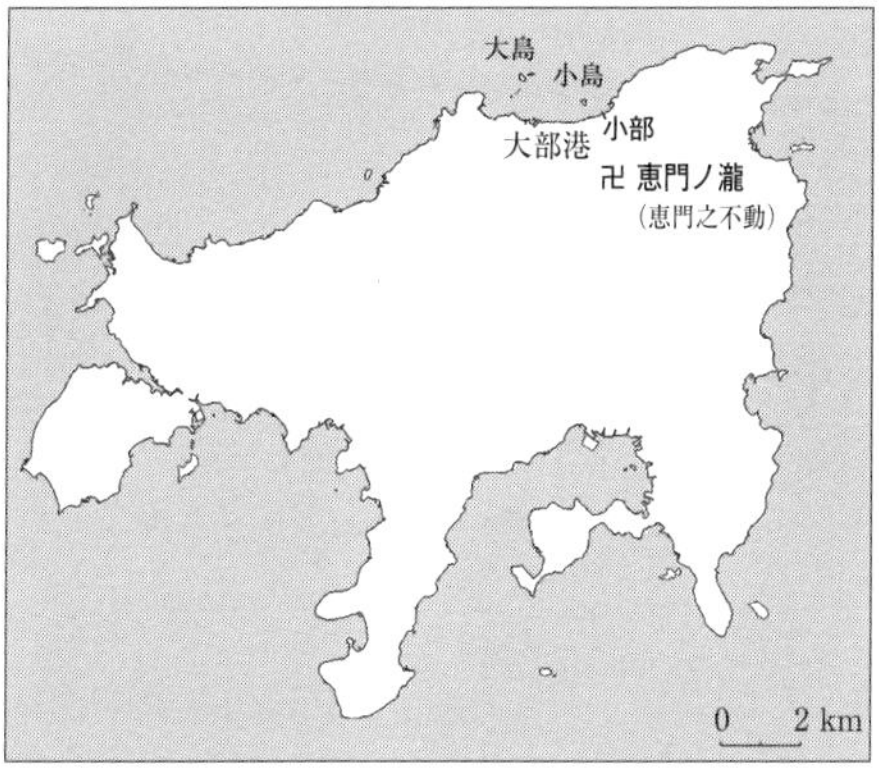

図 14　小豆島地図

小豆島八十八カ所は四国八十八カ所のいわゆる写しである。弘法大師の遺跡八十八カ所を定めて巡礼するという信仰形態の成立は、本家の四国が江戸時代の初期であった。小豆島はおのずからこれに遅れる。四国霊場の多くが誕生・生育・修行・霊験などに関わる文献上の裏づけをもつのに対して、小豆島は驚くほどにこれをもたない。弘法大師が故郷の讃岐から京都に向かう往復の旅の途中、しばしば小豆島に立ち寄って各所で修行や祈念を行なったという伝説が残っていると、おおむねはそのような説明で霊場を語っている。各地によくある奇瑞を中心とした物語性をもった伝説もほとんど聞かない。

土地を踏んで歩くとわかることだが、空海が上京または母方阿刀氏の本籍地河内の国への往復に小豆島に立ち寄ることは、地理的にはむしろ必然であった。郷里の多度津を出発して海路を瀬戸内にとり、難波津ないしは住吉津に向かおうとすれば、小豆島はほどよい中継点だ。青年時代の空海が山岳修行にはげむにふさわしい場所も多い。

「恵門ノ瀧」は、小豆島北側の海岸に沿って走る県道二六号線「小部不動尊登山口」バス停から約三キロメートル登ったところにある。霊場の手前までかろうじて自動車一台が通れる道があるが、激しく屈曲して道路の状態もよくない。

車道とは別に旧態を保った遍路道がある。こちらは急な坂、石がごろごろ重なった道が続き、いわゆる「へんころがし」「遍路ころがし」ともいうべく、最後は鎖場《くさりば》となっていて鉄の鎖を強く引き、急な岩の坂道を登って堂前にたどり着く。『土庄町誌』（一九七一年）には「小部恵門嶽浜から十八丁南方の山奥」とあるから約二キロメートルの山道である。遍路を続けている人に聞くと、島の霊場ではここが一番厳しいといい、同『町誌』は「ここに到るには、大峰山の修験道者ぐらいだろうという」と書き加えている。行場としての機能を満たしているといえる。

「恵門ノ瀧」というのがとおりがよく、普通に見る刷り物には多くそう書かれているものの、周辺に滝らしいものはない。別に「恵門之不動」ともいい、霊場管理者のホームページにはその名を見出しにしているからこちらの方が正確なのであろう。霊場の堂宇は大きな洞窟の中にある木造二階建ての建物で、これを支える柱や二階縁側の欄干は朱色に塗りつくされている（図15）。中に入れば周囲ことごとく岩壁で、仏具が整って荘厳された正面に洞窟が奥に続き、扉が閉ざされたその向こうに本尊の秘仏不動明王像が安置されている。三十年に一度開帳され、普段はこれを拝むことができない。堂内に護摩《ごま》壇《だん》があり、毎年七月二十七日に「恵門之不動五大護摩」が執行される。

図15　恵門之不動

　ホームページの記載に「この洞窟は、弘法大師が百日間こもられ、人々を助けられた祈禱の道場と伝えられます」とある。その伝説のよりどころがあれば「こべ」の問題は一挙に解決し、伝説は伝説でなくなるのだが、はたしてどうであろう。

手書き資料の『大部村志』が引く「海潮山観音寺福寿院略縁起」によれば、当寺三世の宥盛《ゆうせい》が「貞享年間（一六八四—八七）、四門岳中《よんもんだけちゅう》、奇嵓怪石《きがんかいせき》、眺望開豁《ちょうぼうかいかつ》の絶勝《ぜっしょう》を撰《せん》し、危楼《きろう》桟亭《さんてい》を造築《ぞうちく》し、岩洞中《がんどうちゅう》に不動尊《ふどうそん》を安置《あんち》し、之《これ》を四門《しもん》の不動《ふどう》と唱《とな》え、常《つね》に無数《むすう》の参拝者《さんぱいしゃ》をいたさしむ」とある。これが朱塗りの建物で飾る恵門の不動の原形である。時に空海の事跡に触れることはない。

延享五年（一七四八）の年記をもつ梵鐘に「小豆島小部村恵文山不動明王」の文字が刻まれている。いま通用の恵門岳《えもんだけ》は、その前には恵文山《えもんざん》ともいい、恵文山の前は右の「略縁起」にあるように四門岳であった。いつから四門岳と称されたかは不明であるが、この呼称が一層普遍的であった。『小豆郡誌』（一九七三年）が引く備前の閑谷学校《しずたにがっこう》に学んだ文人武内君立《たけうちくんりゅう》（一七七〇—一八二〇）、明治期の漢学者渡辺義軒《わたなべぎけん》（一八六六—一九一五）の詩の題は「四門岳」「四門嶽」としている。

四門の名は、数ある小豆島の山名のなかでも格段に目をひくものだ。『大部村志』に「此嶽《このだけ》、東西三十間、高サ二十四、五間ノ一大巨岩ヨリナリ、岩壁天ヲ摩シテ老杉ヲ圧ス。屏障《びょうしょう》ノ如ク、門口《もんこう》ノ如シ。鎖ニ依リテ攀《よ》ジ登ル。巌内ニ三大洞窟アリ。巌中ニ於テ互ニ通ズ。実ニ天下ノ怪嵓奇石《かいがんきせき》トイフベシ」とある。東西に約五五メートル、高さ約四五メートルの巨大な岩石の下方がえぐられて巌窟となっている形状が大自然界の門を発想させるが、その門を〝四門〟としたところに深い意味がある。古典をふまえたことばであるからだ。

『文選』が収める梁の王巾《おうきん》の「頭陀寺碑文《ずだじひぶん》」に「四門《しもん》を殷鑒《いんかん》とし、幽求《ゆうきゅう》すること六歳《ろくさい》なり」の句がある。「四門」は、天帝がまだ釈迦族の太子であった若年の釈迦に示した東西南北の門での教え。「殷鑒」は、戒めとすること。「幽求」は、深く求めること。

唐の李善はこの「四門」に釈迦の伝記を記す『瑞応経《ずいおうきょう》』を引いて長文の注釈をほどこした。『瑞応経』の大要は次のようなものである。

釈迦が十四歳のときのある日、父浄飯王《じょうぼんのう》の許しを得て城東の門に出ると、天帝の化身である病人に出逢い、人間は生きていると病人なることを知って悲しんだ。ある日、城南の門に出ると、老人に出逢い、人間は若さを保つことができず、いずれ老人になることを知って哀れに思った。ある日、城西の門に出ると死人に逢い、人間は病・老・死の三苦から免れないことを知って思いを深くした。その後のある日、城北の門に出ると、沙門（僧）に出逢い、これこそ我が生きる清浄の道と大いに喜んで出家の意志を強く抱いた。『大正新脩大蔵経』が収める支謙《しけん》訳の『瑞応経』によると、北の城門に出遊したのは十七歳のときであったという。よく知られたいわゆる「四門出遊《しもんしゅつゆう》」の故事である。

四門出遊の故事は釈迦出家の意志に重点があるとすれば、それは空海の印象と重複する。四門岳の名は空海によってつけられたという伝説でもあれば、ここでも「こべ」の問題は解決するのだが。

もっとも「こべ」を「小部」と仮定しても「コベノアマ」という尼僧の問題が残る。小豆島に尼僧が常住していたとは考えにくいからだ。もとは「或《あ》るときは雲童《うんどう》の嬢《むすめ》を眄《み》て、心《こころ》を懈《おこた》らせて服《おも》い思《おも》う。或《あ》るときは滸倍《こべ》の尼《あま》を観《み》て意《こころ》を策《はげ》まして厭離《おんり》す」という対句に発する問題で、すべてが虚構の表現だと読めば尼僧はいてもいなくてもよいともいえるが、「金巌」や「石峯」が実在の修行場であったように、「雲童嬢」をみれば男性が動いたであろうから、「嬢」の対語である「尼」も実際にいた方がよい。

当時の事情からすると、それは国分尼寺に属する尼僧であったに違いない。讃岐の国であれば島の南岸に、備前の国であれば北岸に、いずれも海上二〇キロメートル強の航行でたどり着く。なかでも土地の領有関係から考えると備前の国分尼寺の尼僧であろう。ちなみに備前市日生《ひなせ》港から小豆島大部港までの距離は二一キロメートル、フェリーの所要時間は六〇分である。

国分寺は正式には金光明《こんこうみょう》四《し》天王《てんのう》護《ご》国之《こくの》寺《てら》といい、国分尼寺は法華《ほっけ》滅罪之《めつざいの》寺《てら》という。女は罪が深い存在だということは仏教が古くから説くところだが、その罪を滅する寺とするのは通俗に過ぎる。国分寺が『金光経』を奉じて護国を祈念する任務を担ったように、国分尼寺は『法華経』を頂いて国家の罪を滅する役目をもった。その役目をはたすために、尼僧は寺内に静居して『法華経』を読誦し写経するにとどまらず、心身を強靭にして霊気を帯びるほど鍛えることが求められていたのだ。行者として修行にはげむ必要にせまられていた。

四門岳を尼僧の行場と仮定するうえで、もう一つ考慮しておくべき事項がある。すでに引用の小豆島諸資料で述べられているように、この霊場が石窟寺院の様相を呈していることである。

石窟寺院といえば、大阪府太子町に古代ただ一つの鹿谷寺《ろくたんじ》跡がある。古色をおびた十三重の石塔と壁面に釈迦三尊像が線刻された石窟が残る。周辺から出土した土器から奈良時代初めころの造営と推定されているが、関連する記録がなくいつ誰によって建立されたかはわからない。少し離れた山中にはやはり三尊像を浮き彫りした「岩屋」と称される石窟もある。この形態の寺院は、中国洛陽の石窟に影響を受けて造営されたものであろう。

中国における石窟寺院は、北魏の時代、五世紀の中葉に現在の山西省大同の雲崗《うんこう》に開鑿されたことに始まり、北魏が河南省洛陽に遷都した後の五世紀末に郊外の龍門に造営の拠点が遷り、その後四百年にわたって長く行なわれた。龍門石窟中最大の仏像を彫刻する奉《ほう》

図 16　龍門石窟　奉先寺大仏

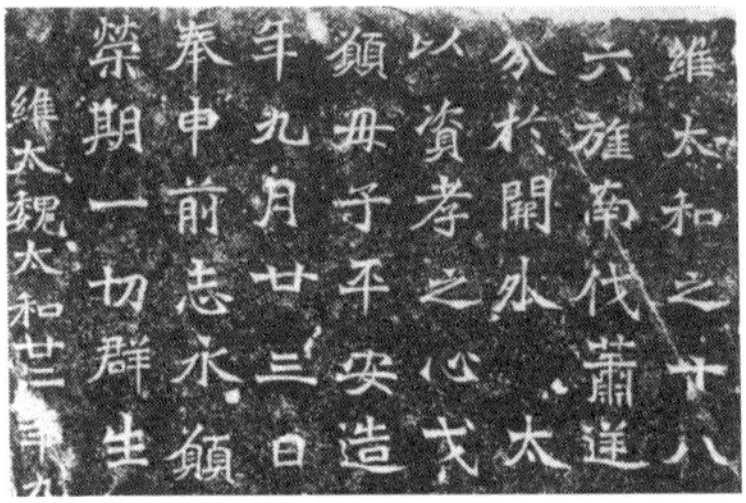

図 17　北海王元詳造像銘（龍門二十品のうち）

先寺《せんじ》（図16）は、則天武后の時代に造られたもので、彫られた仏像は大小合わせて十万体余と報告されている。また、仏像を造る経緯を記した北魏時代の「造像題記」は雄勁《ゆうけい》で力強いおもむきがあり、その書影は書法上に重んぜられている（図17）。

入唐して洛陽に立ち寄る機会を得た留学僧《るがくそう》は、かならずやこの龍門石窟を訪れたに違いなく、その壮大な仏教文化に感嘆し、強く記憶に焼き付けたであろう。鹿谷寺はそのような留学僧の誰かが造営に関わった。文献に徴するものがないが、留学僧という点では後述する善無畏訳の「虚空蔵聞持法」を持ち帰った道慈《どうじ》も、玄宗に厚遇された玄昉《げんぼう》も鹿谷寺造営の資格をもつが、それはともかく、これらの高僧が龍門の石窟寺院を熱気をおびて語ったという推量は許される。そして語り継がれた龍門の風景が空海にも尼僧にもあり、四門岳の巌窟がその印象と結びついてそこが行場となったのではないかと考える。

『三教指帰』序文の自伝と「卒伝」

地名としての「滸倍」は小豆島の小部ではないかという仮説を提示するにとどめて、次に『三教指帰』序文の空海自伝といわゆる「卒伝」との比較に言及しておこう。

『三教指帰』の序文に空海の自伝があることは見てきたとおりである。「卒伝」は、『続《しょく》日本後紀《にほんこうき》』巻四・承和二年（八三五）三月の項にある空海の示寂《じじゃく》とその伝記を記した部分を指していう。すなわち同月丙寅（二十一日）の条に「大僧都《だいそうず》伝灯大法師位《でんとうだいほうしい》空海《くうかい》、紀伊《きい》の国《くに》の禅居《ぜんきょ》に終《お》わる」とその終焉を記し、次いで同庚午（二十五日）の条に喪料が下賜されたこと、ならびに太上天皇（淳和天皇）の弔書が記載されたあと、一呼吸をおいて伝記が次のように示される。

法師者。讃岐國多度郡人。俗姓佐伯直。年十五就舅従五位下阿刀宿禰大足。讀習文書。十八遊學槐市。時有一沙門。呈示虚空藏聞持法。其經說。若人依法。讀此眞言一百萬遍。乃得一切敎法文義暗記。於是。信大聖之誠言。望飛焔於鑽燧。攀躋阿波國大瀧之嶽。勤念土佐國室戸之崎。幽谷應聲。明星來影。

法師《ほうし》は、讃岐《さぬき》の国《くに》多度郡《たどぐん》の人《ひと》なり。俗姓《ぞくせい》は佐伯直《さえきのあたい》。年十五《としじゅうご》にして舅《しゅうと》の従五位下《じゅうごいげ》阿《あ》刀宿禰《とのすくね》大足《おおたり》に就《つ》きて、文書《ぶんしょ》を読《よ》み習《なら》い、十八《じゅうはち》にして槐市《かいし》に遊学《ゆうがく》す。時《とき》に一沙門《いちしゃもん》有《あ》り。虚空蔵聞持《こくうぞうもんじ》法《ほう》を呈示《ていじ》す。其《そ》の経《きょう》に説《と》く、若《も》し人法《ひとほう》に依《よ》りて、此《こ》の真言一百《しんごんいちひゃく》万遍《まんべん》を読《よ》めば、乃《すなわ》ち一切《いっさい》の教法《きょうぼう》の文義《ぶんぎ》暗記《あんき》することを得《え》んと。是《ここ》に於《お》いて、大聖《だいせい》の誠言《せいげん》を信《しん》じて、飛焔《ひえん》を鑽燧《さんすい》に望《のぞ》む。阿波《あわ》の国《くに》の大滝《おおたき》の嶽《たけ》に攀《よ》じ躋《のぼ》り、土佐《とさ》の国《くに》の室戸《むろと》の崎《さき》に勤念《ごんねん》す。幽谷声《ゆうこくこえ》に応《おう》じ、明星《みょうじょう》来影《らいえい》す。

この文章は一目して瞭然、『三教指帰』序文の自伝部と相互に影響し合う関係にある。これまでの空海伝に関する研究は、「卒伝」が『三教指帰』の序文を引用したという理解のもとですすめられてきた。序文の真撰を疑わないかぎり、資料の扱いとしてそれは当然の処置である。しかし真撰を疑えば立場は逆転するのであって、『三教指帰』序文の偽撰者が「卒伝」を引用して記述に信憑性をもたせたということになろう。「十五」を「志学」に、「十八」を「二九」に改めるのを始め、多余の改字・増字・削字を加えて紀伝体の文を多少たりとも修飾された文に近づけることは、きわめて容易な作業である。

『続日本後紀』は文徳天皇の命によって仁明天皇一代の治世を記した正史である。撰者は時の最有力者藤原良房《ふじわらのよしふさ》（八〇四―八七二）らで、貞観十一年（八六九）に成立した。ただ抄本の伝写の過程に不満があり、自伝と「卒伝」の前後問題も含めて個々の事例については慎重を期する必要がある。『続日本後紀』が伝える高僧逝去の記録は空海を含めて八人におよぶが、このうち空海卒伝だけが特段に扱われて丁重であるからだ。没後三十年の空海の名声あるいは真言宗の宗勢はどのようであったか。空海は延喜二十一年（九二一）に醍醐天皇から「弘法大師」の諡号を下賜されたが、示寂後じつに八十六年を経てのことであり、下賜される顕彰運動の過程で「卒伝」に影響を与えることはなかったかどうか。精査すべき問題は多いのだが、いまは十五歳就学、十八歳大学入寮ということについての真偽性をとりあげる。まず『文鏡秘府論』の序文にある次の文章が重要だ。

貧道。
幼就表舅。頗學藻麗。
長入西秦。粗聽餘論。

貧道《ひんどう》は、
幼《よう》にして表舅《ひょうきゅう》に就《つ》きて、頗《すこぶ》る藻麗《そうれい》を学《まな》ぶ。
長《ちょう》じて西秦《せいしん》に入《い》り、粗《ほ》ぼ余論《よろん》を聴《き》く。

「貧道」は、僧の自称。自らを卑下謙遜していう。「幼」は、おさないの意だが、「長」との対応関係を考えると、「長じて」の長は、おとなになっての意。おとなになるとは成人することをいう。成人は現在も同じで二十歳。空海が留学僧として入唐したのは延暦二十四年（八〇四）十二月末、三十一歳のときであったからここでの「長じて」は、「おとなになってからは」となる。したがって「幼にして」は、「幼いときから」と訳してよいがもうすこし詳しくすると、『礼記』曲礼《きょくらい》上に「人生《ひとう》まれて十年《じゅうねん》を幼《よう》と曰《い》う。学《まな》ぶ」とある。これによれば十歳を「幼」といい、このとき初めて学ぶのだという。学ぶというのは、家庭を出て師に就いて学業にはげむことだと、後漢の大学者鄭玄《じょうげん》の「注」にはいう。貴族、豪族に類する人たちの間では、『論語』や『孝経』程度のことは物心ついたころから家庭内で手ほどきを受けるのが普通で、それを学ぶとはいわない。そうすると「幼」の概念が相当絞られ、「十歳のころからは」と訳してさしつかえない。空海自身のことでいえば、十歳のときから母阿刀氏のもとを離れ、平城京に住む阿刀大足に就いて学んだということだ。

「表舅」の「表」は、「外」というのに同じ。本姓の佐伯氏一族が「内」であるのに対して母方の阿刀氏を「外」すなわち「表」とした。「舅」は既出。阿刀大足を指していう。対する「西秦」は、長安。「表」の縁で実在する方角の「西」字を置き、名詞「舅」に対して始皇帝の古址であった固有名詞「秦」字を配している。

阿刀大足から学んだ「藻麗」は、美しい詩や文、そしてその表現法をいう。教科書には『文選』が使われたと思われ、儒教経典の経学《けいがく》とは性質を異にする。対語としてある「餘論」は、先人のすぐれた議論という意で、「粗《ほ》ぼ余論《よろん》を聴《き》く」は、前漢司馬相如《しばしょうじょ》の「子虚《しきょ》の賦《ふ》」に「先生《せんせい》の余論《よろん》を聞《き》かん」とある一句をふまえる。ここにいう「餘論」の具体例は「藻麗」との関連からして『文鏡秘府論』が引用する唐の王昌齢《おうしょうれい》『詩格』、皎然《こうねん》『詩議(詩式)』、上官儀《じょうかんぎ》『筆札華梁《ひっさつかりょう》』、撰者不詳『文筆式』などの文学評論をいう。あるいは当時隆盛であった「古文」の議論も指すであろう。「頗」は、かなり、相当に。「粗」は、おおむね。

[訳] 私は十歳のころから叔父の阿刀大足についてかなり詩文の表現法を学び、成人してからのちは長安に留学しておおむねすぐれた文章論を聞きとった。

四字句の隔句対を用いた駢体の文章で、これが空海の自伝である。空海自身が「学ぶ」という生涯の重大事を、あるときは十歳といい、あるときは十五歳と書きとどめるだろうか。ありえないことだ。

『文鏡秘府論』の序文にいう自伝は、『三教指帰』の序文ならびに「卒伝」にいう十五歳で叔父の阿刀大足に就いて学んだという伝統的に固定した概念を破壊する。十五歳就学は作りごとなのだ。そうすると、次には十八歳の大学寮入学説が怪しくなる。空海自身が大学での体験を語ることは、ほかには見ないからである。

空海の生誕地と就学

空海の本貫《ほんがん》（本籍）について「卒伝」は「讃岐の国多度郡の人なり」といい、虚亡隠士から出自を問われた仮名乞児も讃岐の国の多度郡屛風ケ浦の出身であると応えている。このことから、周知のように空海の出生地は香川県の善通寺とされてきた。もっとも善通寺はやや内陸にあり、まさに屛風ケ浦にある海岸寺が、本寺こそ弘法大師生誕の地であると主張して本家争いがあり、それぞれに産湯《うぶゆ》の井戸などが語られるようだが、それはそれとして、空海の誕生に関わる比較的新しい研究に、河内の国誕生説がある。キーワードは「妻訪婚《つまどいこん》」という状況証拠である。当時における上流社会の結婚形態は男性（夫）が女性（妻）のもとへ通《かよ》う妻訪婚であり、父佐伯田公が母阿刀氏の本籍地河内国渋川郡跡部郷、現在の大阪府八尾市跡部本町辺りのもとへ通い、その地で空海、幼名真魚《まお》は生まれ、母のもとで初等教育を受けたとする説だ。高野山大学の武内孝善氏が空海の実像に迫らんとして『弘法大師空海の研究』（吉川弘文館、二〇〇六年）で展開し、比較書像学の飯島太千雄氏が『若き空海の実像』（大法輪閣、二〇〇九年）で補強して考証する説である。その発想の根底には『三教指帰』の自伝にいう十五歳就学では遅すぎるという思いがある。学問、芸ごと、スポーツ、何ごとも超一流といわれるほどの人はそろって三、四歳ころからその道の手ほどきを受け、小学生では神童と称されている。空海は誰もが知る漢文と書法の天才だ。二十四歳で『聾瞽指帰』を書くとなると、幼少年期を都から遠く離れた四国の地で過ごしていては間に合わない。幼いときから質の高い文（学問）と芸（書法）に親しむ環境が必要だった。就学年齢に達して都の平城京に住めば、文には阿刀大足があり、飯島氏の説によれば、筆には第一級の能書、朝野魚養《あさののなかい》があった。

妻訪婚という、いわば状況証拠に始まった議論は、『文鏡秘府論』序文の「貧道は、幼にして表舅に就きて、頗る藻麗を学ぶ」という空海自身のことばによって実証された。つまり重ねていうが、『三教指帰』および「卒伝」の十五歳就学説は否定されたのだ。

父親の佐伯田公をはじめ一族には大学に籍を置き、しかるべき職に就き、功績を積んで官位を一つでも上げてほしいという望みがあった。そういう期待が我が身に迫っていることを『聾瞽指帰』には書いている。十歳から阿刀大足に就いて『文選』を習うとすると、出典を知るうえで儒教経典は受験以上に必須であった。律令制下における受験資格の問題は措くとして、受験できるものなら十三歳、十四歳で入学をはたしていたに違いない。空海はそういう学力の持ち主であった。

空海は進取の気概に富んだ人である。中央の官界に進出して懸命に功績を積んだとしても、時の高級貴族中心の社会においては満足できる地位を得ることは絶望的であった。佐伯氏の家は従六位の下、よほど功績を認められても正五位の下に押し上げることができるかどうか。自身の才能を誇る空海は当初からそのような官界での生き方を考えていなかったように思う。

空海が目指した方向

『三教指帰』序文にいう十五歳の就学は、十八歳で大学に入寮するための前提であった。大学寮への入学はその血脈、あるいは学問の修養を誇示するために必要な履歴と考えたかと思うが、就学の年齢が否定されれば、制度のうえから無理のある入学もない。空海が目指したものは、初めから僧として入唐留学することにあった。そうしてこそあり余る能力を発揮することができる。叔父であり学問の師匠である阿刀大足も考えを同じくしたであろう。

空海が生まれた宝亀五年（七七四）を起点にして歴史を見渡すと、その父、遠くても祖父の時代、つまり三、四十年前までは、聖武天皇（七〇一―七五六）、光明皇后（七〇一―七六〇）の信仰を得て奈良仏教の最盛期にあった。周知のことにかぎっても天平十三年（七四一）の国分寺建立があり、天平勝宝四年（七五二）の大仏開眼があり、天平勝宝六年

（七五四）の来日僧鑑真（六八八―七六三）による登壇授戒などがあった。

国家が一体となった仏教隆盛のうらには、おのずから朝廷中枢に大きな力をもった高僧たちの存在があった。なかでも道慈《どうじ》（？―七四四）や玄昉《げんぼう》（？―七四六）など留学僧の活躍がめざましい。

三論宗の道慈は、大和国添下郡《そえじもぐん》の額田氏の出身で漢詩に長じ、天平勝宝三年（七五一）に成立した日本最古の漢詩集『懐風藻《かいふうそう》』はその詩二首を採っている。大宝二年（七〇二）に派遣された遣唐大使粟田真人《あわたのまひと》、少録《しょうろく》（記録係）山上憶良《やまのうえのおくら》らとともに留学僧として入唐した。当時は則天武后《そくてんぶこう》の時代で真言密教が重んじる三蔵（訳経僧）の善無畏が則天武后の寵愛を受けて活躍していた。留学十六年、三論と密教を学んで養老二年（七一八）に帰朝、『金光明最勝王経』『虚空蔵菩薩求聞持法』をもたらした。帰国後は東大寺とならぶ大寺の大安寺に住し、天平元年（七二九）に律師に任ぜられた。

道慈の留学の経験からすると、日本の仏教はまだ発展途上にあった。出家者は僧として守るべき戒律を授戒の師から受けて正式な僧となるのだが、日本では授戒の師を欠いて正式な僧を認定するための制度が整っていなかった。そこで唐から戒師を招請《しょうせい》することを献言し、それが鑑真の来日につながった。

法相宗《ほっそうしゅう》の玄昉は、俗姓は阿刀氏。岡寺《おかでら》（龍蓋寺《りゅうがいじ》）を開いた義淵《ぎえん》（六四三―七二八）の弟子で、養老元年（七一七）に遣唐大使大伴山守《おおとものやまもり》に随行して入唐した。同時の留学生《るがくしょう》に阿《あ》倍仲麻呂《べのなかまろ》（六九八―七六〇）、吉備真備《きびのまきび》（六九五―七七五）らがある。在唐十八年、玄宗に厚遇されて三品に準じて紫の袈裟を下賜された。天平七年（七三五）帰朝、仏典五千余巻および仏像を持ち帰った。五千余巻というのは、唐の開元十八年（七三〇）に成立した『開元釈教録《かいげんしゃっきょうろく》』が記録する現存仏典すべての「大蔵経」である。

天平九年（七三七）、玄昉は僧正に任ぜられて宮中の仏教寺院である内道場に入り、聖武天皇の母藤原宮子の病気を祈祷により回復させて朝廷に重用された。聖武天皇、光明皇后の信頼が厚く、持ち帰った経典は光明皇后のもとでしきりに書き写され、そのすぐれた写経がいまも正倉院御物に残っている。また則天武后が洛陽大安国寺に法華道場を開いたことを参考に全国に国分寺、国分尼寺の開設を献策し、これが採用されたことは歴史上によく知られている。

政治権力との結びつきでは吉備真備とともに時の権力者橘諸兄《たちばなのもろえ》を支えて政権中枢に重きをなしたが、この時代の権力闘争は忙しい。光明皇后の甥にあたる藤原仲麻呂《ふじわらのなかまろ》（七〇六―七六四）が皇后の信任を得て橘諸兄を排除すると、玄昉もまた天平十七年（七四五）、筑紫《ちくし》観世音寺《かんぜおんじ》別当《べっとう》に左遷され、翌天平十八年（七四六）、任地で没した。

この玄昉の華々しい活躍に、大志を抱く青年空海は希望をふくらませたであろう。玄昉の俗姓は阿刀氏であり、実際の血筋や系統は明らかでないが、阿刀と同族であることに違いはない。阿刀大足と若き空海の師弟は、玄昉の再来に思いを馳せたのではないかと思う。もっとも玄昉の生き方には過ぎたところがあり、終焉を誤った。そこは前車の過ちとして正せばよい。

ともあれ、唐に留学して新しい経典を持ち帰れば、名声を博して高位の僧官を得ることができる。そのような先人たちの行跡に接すれば、まずは入唐留学を志向するのが自然ななりゆきである。このずばぬけた才能は唐においてこそ文学においても仏教においても存分に能力を発揮できる。

『聾瞽指帰』撰述の真の動機

私度僧の阿卑法師を無二の親友とし、信仰の厚い光名を檀那としていたように、『聾瞽指帰』を書いた当時の空海はすでに私度僧であった。私度僧として伊予の出石山や石鎚山に登り、山岳修行にはげんでいる。

私度僧となったのは、おそらくは阿刀大足のもとを離れて一旦本貫の讃岐多度郡に帰ったときのことだった。古式では男子二十歳で成人を迎え、親元の本籍地で儀礼を執り行なうのが通例である。逆にいうと十年近くは阿刀大足のもとで学問にはげんでいたということになる。

空海が学んだものは、先にも述べたようにまずは『文選』。その学習を通して詩文の表現法、ことばの意味を知るための古典検索法などを身につけた。唐国の科挙を受験するのであればこれを繰り返せばよいが、留学僧の目標を定めてからは仏典の研鑽にも力をそそいだ。仏教の学問は時代性や生活環境から見れば法相宗の学だが、これについては師承関係がはっきりしない。

玄昉の弟子に善珠《ぜんしゅ》（七二三―七九七）という高僧がいる。大和の国の人で俗姓は阿刀氏。玄昉の子とする説があったほどの同族である。師に就いて法相を学び、『唯識義《ゆいしきぎ》燈増明《とうぞうめい》記《き》』『因明《いんみょう》論疏明燈抄《ろんしょみょうとうしょう》』など法相宗の中心思想である唯識の釈義に関わる多くの書を著わした。また延暦十三年（七九四）、比叡山延暦寺《えんりゃくじ》根本中堂落慶供養では最澄（七六七―八二二）に招かれて導師を勤めたというから、最澄とは早くからの面識があった。朝廷の奥深くにも関わって僧正に任ぜられたが、空海との関係については知らない。

そこで、『聾瞽指帰』で使われたことばの出典から空海二十四歳までに学んだ仏教の性格を推し量ってみよう。

個別の経典では、『金光明最勝王経』『法華経』『涅槃経』『維摩《ゆいま》経《きょう》』『梵網経』『華厳経』

『観仏三昧《ざんまい》海経』『大智度論』『成唯識論《じょうゆいしきろん》』『大乗起信論』等々に使われたことばの出典が多く、いずれも複数回以上が使用されている。

その他の仏典では、仏教護法のために書かれた議論文、詩賦、銘文などを集めた唐の道宣の『広弘明集』、仏教の思想、術語の概説、諸経の論説などを記した唐の道世の『法苑珠林』、経・律・論の要文や仏教の霊異を集めた南朝梁の宝唱の『経律異相《きょうりついそう》』など仏教百科辞典に類する書から採る例が圧倒的に多い。

これらの事実からすると、空海が学んだ仏教の基本は法相宗であろうけれどもそれに限定されず、南都六宗すなわち奈良仏教全体を包括的に幅広く修得したものであることがわかる。なかでも『広弘明集』を初めとする仏教学の資料集に注力してこれらに習熟した学問は、この時代に特異であった。またこれほどの学識を養うについては典籍の有無という点でも、やはり阿刀大足との連携があった。

留学僧を意識する以上、在京中の早い時期にしかるべき師に就いて入寺出家し、次いで得度する道があったはずであるが、機を逸したのか、あえてその道を選択しなかったのかはわからない。どちらかといえば、文学を志向する才能に長じた空海にとって、師事するに適合した人がいなかったということだ。

ここに一つの問題がある。遣唐留学僧を目標とするならば私度僧ではその選に入るはずもなく、当然得度して官が公認する正式な僧である必要があるが、空海はこの重大事をどう処理するつもりでいたかという問題である。

たとえば同時に入唐して近い将来に最大のライバルとなる最澄は、十二歳で出家して近江国分寺に入り、行表《ぎょうひょう》（七二二―七九七）に師事、十四歳で得度、十七歳で度牒《どちょう》の給付、十九歳で受具、すなわち僧として守るべき具足戒《ぐそくかい》を東大寺で受けて比丘《びく》となるという、僧としてのすべての要件を満たした経歴がある。出家得度の師行表は禅と唯識を修めた人で、その師は唐からの渡来僧道璿《どうせん》（七〇二―七六〇）である。道璿は北宗禅の普寂《ふじゃく》（六五一―七三九）の弟子であり、北宗はその中に天台の思想を内包するというように、師承関係も明白である。

最澄のような僧歴をもたない空海は、入唐するために必要な別の方途を考えなければならない。伊予の山岳修行もその一環だが、二十四歳で『聾瞽指帰』を書いたのも留学僧に選ばれるための準備の一つであった。執筆の真の動機はその一点にあったのだ。

『聾瞽指帰』がもつ対外的な意味は、他の追随を許さない内外の典籍に対する博識と、洗練された重厚かつ整然とした文章、そして卓越した書法の能力が唐国に通用するものであることを、枢要の人物に知らしめるところにあった。そう考えることによってあの過ぎるまでに丁重な年紀の書き入れもはじめて理解できる。

先に見てきたとおり『聾瞽指帰』の序文では、この文章を高貴な人に見てもらおうと思わない、気楽な人に読んでもらえればよいと述べたが、これは謙遜の辞で、高貴な人を桓武天皇の皇子伊予親王に、気楽な人を阿刀大足に擬してみればわかりやすい。前掲書『若き空海の実像』で飯島太千雄氏は『聾瞽指帰』は初め阿刀大足に差し出され、次いで伊予親王にわたり、それが空海入唐の機縁に機能したという意の見解を示されたが、まったく同感である。したがって同書伝来の項で初めに「宮中」としたが、その前に「阿刀大足――伊予親王」を掲示するのが一層正しいことを追記しておこう。

『聾瞽指帰』の執筆は、さすがに讃岐では難しく、慣れ親しんだ阿刀氏のもとで行なわれた。阿刀大足はおそらくごく身近で書き終わったばかりの重厚な書を手にし、おのれを越えた空海を喜び、機を見て伊予親王の閲覧に供した。伊予親王はその内容が唐国に通用するものであることを認め、さしせまった実用の問題としては遣唐使の通訳に適していると感じ取ったに違いない。

ここに通訳というのは、二国間の言語を口で発声して耳で聞き取る形態の今風の通訳をいうのではない。漢文を正しく読み書きできるということだ。漢文こそは何千年という時間と何千キロという空間を超越して意思の疎通がはかれる共通語なのだ。通常の会話は漢文で筆談し、願書などの公式文書では修飾を加えた正確な文章を書く必要があった。実際、入唐に当たっては遣唐大使藤原葛野麻呂《ふじわらのかどのまろ》が乗る遣唐使船団の第一船に乗船している。通訳の役目を担っていたからである。この船団は延暦二十三年（八〇四）五月十二日に難波津を出航したが、途中台風に遭い、第一船は同年八月十日に福州長渓県（福建省）に漂着した。時に空海が藤原葛野麻呂に代わって長官の福州観察使に漂着の事実を伝え、また別に長安入京の嘆願書を書き、すぐれた表現によって通訳の役目をはたしている。

しかし、『聾瞽指帰』で通訳の資格を得たとしても、肝心の得度の要件を満たすわけではない。空海の意識のなかには次の文章に示される事項が秘められていた。すなわち『続日本紀』天平宝字二年（七五八）八月一日の条に「天下《てんか》諸国《しょこく》の山林《さんりん》に隠《かく》れて清行逸士《せいこういつし》なること十年以上《じゅうねんいじょう》なるものは、皆《ことごと》く得度《とくど》せしむべし」の一文がある。

「清行」は、清い行ない。「逸士」は、世俗を離れて生きている人。要するに全国すべての山々で、世俗を離れて修行にはげむこと十年を過ぎた者は、ことごとく得度させるという政令で、山岳修行の奨励と、真剣に求道する私度僧の救済措置である。これは孝謙天皇が譲位して淳和天皇が即位する時期の詔勅であるから恩赦に類するものだが、先例としては残る。

空海は延暦二十三年の入唐直前に東大寺戒壇院で得度受戒している。時に三十一歳であったが、『聾瞽指帰』以来ここに至るまでの約七年間の事跡が空白で、それが大きな謎とされてきた。しかしこの間、山林に隠れて修行していたとすればその謎は解ける。十九歳あるいは二十歳ころに本籍のある讃岐に帰郷して伊予で山岳修行にはげみ、『聾瞽指帰』以降は阿波の大滝嶽、土佐の室戸崎、あるいは奈良大峰山系の金峰山、吉野から高野山に到る山岳などおよそ渡航以前の行跡として語られる山林は、すべてその七年間に逸士として清行していたところと考えるのが合理的である。『聾瞽指帰』までの四、五年とその後の七年を合わせれば清行十年以上となり、先例にある得度の条件を満たす。これに通訳の使命を加味すれば得度と留学僧に選ばれることとが同時的に行なわれて不思議はない。

空海の入唐と帰国

本書の趣意とは少し離れるが、空海の入唐と帰国について触れておく。

同時に入唐した最澄はすでに僧官の一つである内供奉十《ないぐぶじゅう》禅師《ぜんじ》に任用されて天皇のそば近くに仕える地位にあり、短期視察を目的とする還学生《げんがくしょう》として天台山国清寺に登り、天台教学と禅と密教を学んで翌延暦二十四年（八〇五）には任務をまっとうして遣唐大使藤原葛野麻呂とともに帰国した。

一方、得度したばかりの空海は期間を原則二十年とする留学生《るがくしょう》であった。道慈が留学

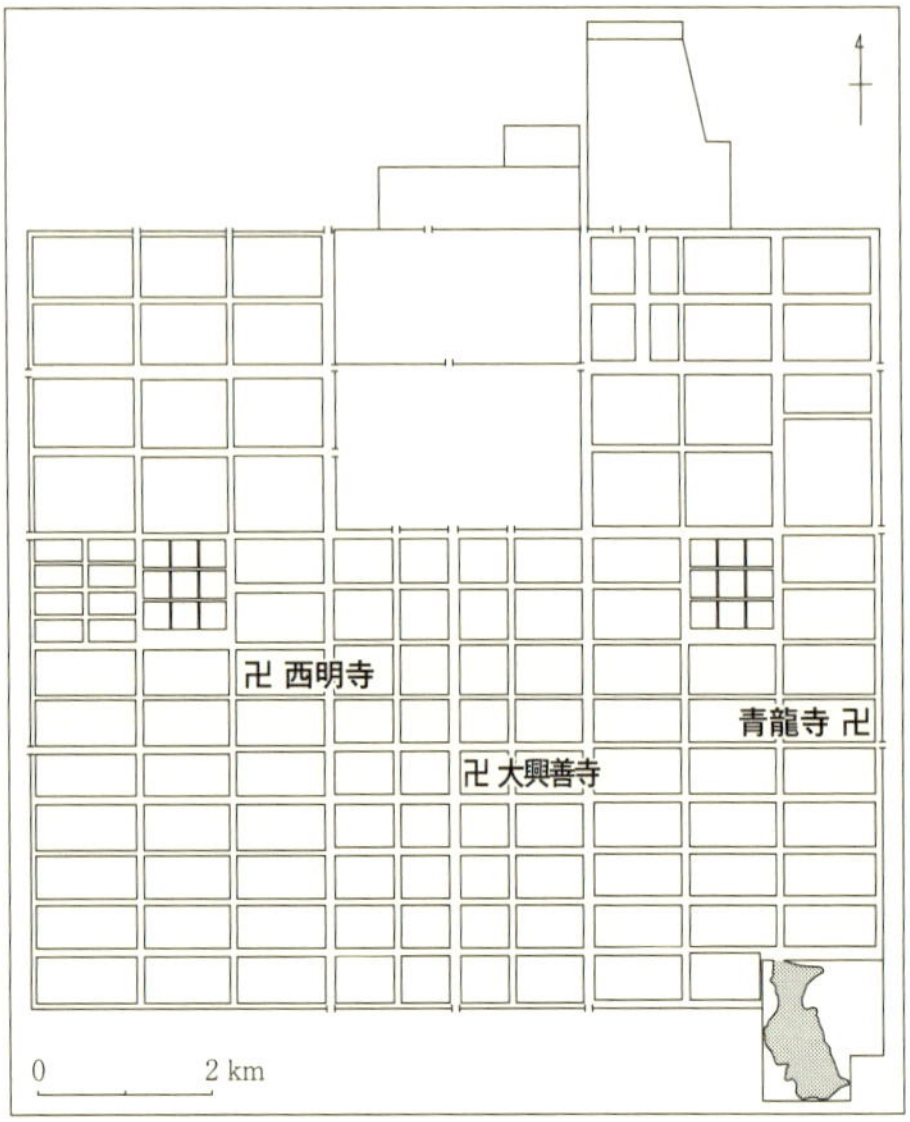

図18　唐長安略図

十六年、玄昉が在唐十八年であったから、留学期間に不満のあろうはずがない。余裕のある期間の中で、名だたる文人との交流、唐の新しい仏教の吸収などを思い描いて希望にあふれていた。

唐の順宗《じゅんそう》の永貞元年（八〇五）二月、遣唐大使とともに長安に入京した空海に与えられた住居は、長安城内ほぼ中央部に位置する西明寺《さいみょうじ》であった（図18）。通暁した『広弘明集』の撰者道宣が上座をつとめ、道世がここで『法苑珠林』を撰述した経緯をもつ大刹である。宮城にも近く、当面は遣唐大使の通訳を視野にいれた配属であった。十年を超える山岳修行で鍛えられた気骨と『聾瞽指帰』を書いた教養は、居並ぶ唐僧の中でも異彩を放つ風格をもっていた。

空海は入唐する以前にも、長安に入京してのちも、しばらくの間はのちに真言七祖として仰ぐ密教僧恵果《けいか》（七四六―八〇五）（図19）の存在を知らなかった。したがって留学僧として学ぶべき仏教の具体的な対象が定まっていたわけではなく、興味の第一は文学理論の渉猟《しょうりょう》にあった。おそらくは同様の感覚をもつ西明寺の僧二、三名とともに長安城の東南の端にある青龍寺《せいりゅうじ》を訪ねている。

いま長安の青龍寺というと恵果と空海との師弟関係にかぎられて語られるが、当時の青龍寺は広大にして閑静な寺院で、権力中枢に関わる有力者が行楽遊興する名所だった。有力者が遊ぶところにはこれに近づく機会を得ようとして多くの若者が集まった。若者はみな官吏登用試験の科挙の受験生である。試験科目の中では進士科が上級だった。唐は詩で士を採るといわれたほどに、進士科の主要科目は作詩であり、したがって若者はみな詩人であった。

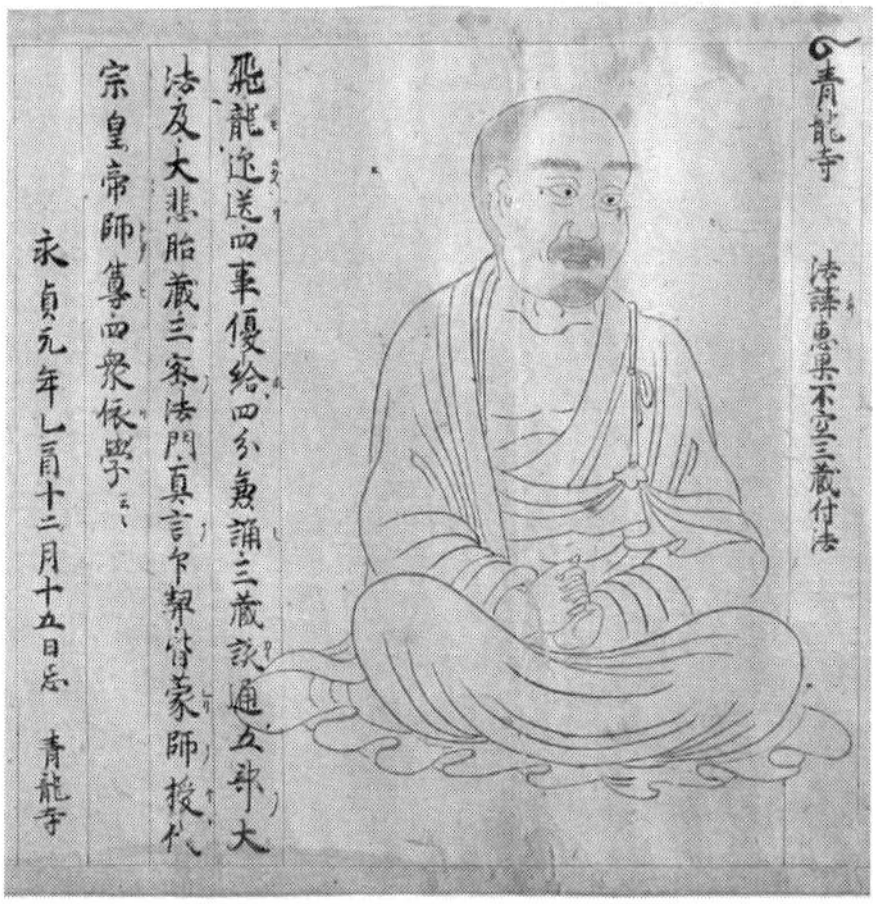

図19　恵果像（『三国祖師影』久安6年〈1150〉）

有力者とつながりをもてる機会がそうあるわけもなく、日ごろ若者たちは溜まり場をつくって作詩法すなわち文学論を戦わせるのが日常であったのだ。空海はそのはなしを聞き知って、青龍寺に通い始めた。のちに著わした『文鏡秘府論』はここで聞き取った備忘録が基本となった。同書の序文に「長《ちょう》じて西秦《せいしん》に入《い》り、粗《ほ》ぼ余《よ》論《ろん》を聴《き》く」と述べるのがそれである。

仏教はというと、入京当初に長安で隆盛を誇っていたのは六朝時代のインド僧達磨《だるま》から数えて六代目、則天武后時代に中国の北方に位置する長安・洛陽で活躍した六祖神秀《じんしゅう》（六〇六―七〇六）を祖とする北宗《ほくしゅう》禅《ぜん》であった。日本では法相宗の開祖道昭（六二九―七〇〇）が禅を初めて伝え、既述のとおり最澄の師行表は唐からの渡来僧道璿の弟子であり、道璿はまた禅宗七祖にして北宗二祖の普寂を師とする。つまり北宗禅は奈良仏教にすでに存在したのであり、空海にとってかならずしも新鮮ではなかった。ただし、奈良仏教の学派的な宗派とは異質の強固な教団が形成され、宗派仏教が激しく抗争する実情には興味をもった。のちに「真言付法伝」を著わして直接の師恵果を真言七祖とし、金剛智《こんごうち》（六六九―七四一）・不空《ふくう》（七〇五―七七四）・善無畏・一行などを祖師に列ねて教団形成の基礎としている。

永貞元年八月、その年の正月に帝位に就いたばかりの順宗が譲位し、長子の憲宗が即位した。天子が交代するとこれを取り巻く権力構造も入れ替わる。太子時代から病弱の順宗を支えてきた朋党は、正月の即位で権力を掌握し、八月の譲位でその立場を追われた。

教団が形成された宗派仏教は権力に依存するところが大きいから、政権が入れ替わると仏教界も振動する。順宗朝に枢要の地位にあった人たちは、概して北宗の支援者であった。北宗は強力な後ろ盾を失い、これに代わって長安で教勢を強めたのが南宗《なんしゅう》禅《ぜん》である。

南宗は禅宗五祖弘忍《ぐにん》（六〇二―六七五）のもとで北宗の神秀と兄弟弟子であった六祖慧能《えのう》（六三八―七一三）を祖とする。慧能が中国の南方に位置する故郷の広州を拠点に活躍したのでその法灯を南宗という。教義のうえでは、北宗は修行の次第で順次悟りに至る漸悟《ぜんご》で、南宗は一瞬で悟る頓悟《とんご》と区別されている。

この年の政変は、仏教界の勢力図を大きく塗り替えた。神秀以来長く続いた北宗は、天台宗に吸収されるかたちで勢力を失い、政治権力の支援を得た南宗は、禅宗を統一するかたちで一挙に優勢となった。栄西《えいさい》（一一四一―一二一五）が伝えた臨済宗など日本の禅宗諸派はことごとくこの系譜に属するものである。

一方、唐代の密教は則天武后期に西域から来朝した善無畏が『大日経』を翻訳し、一行が翻訳を助け、経典の解釈を著述して『大日経』系の教理を立てた。さらにインド僧の金剛智が『金剛頂経』系の密教を伝え、不空は金剛智に師事して師とともに訳経に従事して密教の伝播につとめ、玄宗の信頼を得て中国密教の隆盛を導いた。その後インドに渡って龍智阿闍梨《りゅうちあじゃり》から『大日経』にもとづく胎蔵界、『金剛頂経』にもとづく金剛界の両部にわたる伝法灌頂《でんぽうかんじょう》を伝授されて阿闍梨位を受けた。灌頂とは、正統な秘法の継承者とするための儀式。要するに不空に至って金剛界と胎蔵界の二種法門が不空一人の中に整い、印度に起こった純粋密教は完成するのだが、玄宗朝末期に起こった安禄山《あんろくざん》（七〇五―七五七）と史思明《ししめい》（七〇三―七六一）による安史の乱（七五五―七六三）後まで生き残ったのは不空ただ一人で、禅宗のような教団形成を欠いていた密教はすでに全盛期の教勢を失っていた。

恵果は不空の弟子で『大日経』系と『金剛頂経』系の秘法を伝授されて阿闍梨位を得た高僧であったが、前記のような禅宗の教勢が盛んななかでは、年老いて死期を目前にしながら次代の継承者を待ちあぐねる状態にあった。空海は空海で奈良仏教にもあった密教は承知していたが、善無畏と一行、金剛智と不空らによって築かれた純粋密教の存在を知らなかった。あまり有名でなかった老密教僧と文学理論の収集に青龍寺に通っていた恐るべき才能との出逢いは偶然であったのだ。おおよそものごと、何かを得るというのは大抵は偶然のなせるわざだが、偶然は求め続ける者のもとにやってくる。

空海の鍛錬された心身に接した恵果は、待っていたとばかりに、自らが体得した教えのすべてを空海に伝授した。それはこれまで学んできた奈良仏教とはまったく異質の、心を揺さぶり、身体を躍動させる教えであった。

渡唐留学の目的であった文学理論の収集は、驚異的な記憶力でほぼ終えていた。新仏教

図 20　観世音寺

図 21　玄昉墳墓

の修得は純粋密教を恵果から伝授されて満足を得た。留学の成果はこれ以上に求めることはない。留学僧である身分からすると、規則違反を問われることは間違いないが、いかなる罰を受けようとも、一刻も早くこれを持ち帰らなければならない衝動を抑えきれなかった。

空海は唐の元和元年（八〇六）三月に長安を離れ、途中越州（浙江省）で経典を調達して同年すなわち日本の大同元年十月に、遅れて入唐した遣唐使判官高階《たかしなの》遠成《とおなり》の帰国船に便乗して博多津に帰着した。当然の罰として入京は許されず、大宰府《だざいふ》の観世音寺《かんぜおんじ》（図20）に三年近く止めおかれた。この間、帰国早々に持ち帰った物を『請来目録《しょうらいもくろく》』に書きとどめて朝廷に提出している。多くの経典類、胎蔵・金剛両部の曼荼羅、密教祖師図、密教法具、阿闍梨附属物などで、従前の日本になかった目新しい物である。

いまある観世音寺本堂の西側に玄昉墳墓の跡（図21）がある。当時は形をもった墳墓があったはずで、空海はこれを拝しては留学の成果を喜び、玄昉の非業《ひごう》の最期に誡めの心を抱いたかと思う。嵯峨帝の寵愛を受けて名声を博したのち、権力者との距離を保つために、高野山に終焉の地を求めたのはその誡めに従ったものに違いない。

「御遺告」と『三教指帰』

空海の撰述として真言宗門内に重要な位置を占めていたものに「御遺告《ごゆいごう》」と称する一連の書がある。遺告とは遺言というのと同じで、空海が承和二年（八三五）三月二十一日の示寂に先立って弟子たちにいい遺したことばということだ。「太政官符案幷遺告」「二十五箇条御遺告」「遺告真然大徳等」「遺告諸弟子等」の四種があり、遺告の日付は「太政官符案幷遺告」が承和元年（八三四）十一月十五日、他の三本は承和二年三月十五日となっている。

高野山霊宝館にはそれぞれ複数の写本が所蔵されているが、同時に各「御遺告」に「御筆」といって空海真蹟と伝えるものがある。なかでも、「太政官符案幷遺告」一本は別に「御手印縁起《ごしゅいんえんぎ》」とも呼ばれ、後醍醐天皇の宸翰奥書があることから国宝の指定を受けていたが、現在は同霊宝館の国宝一覧にその列名を見ない。

ここに「御手印」というのは、真撰であり真蹟であることを証するために書面に手形が捺印されているのでそのようにいう。実際の物を見ていないのでことばに窮するが、昭和十五、六年（一九四〇、四一）に公表された高野山大学の森田龍僊《りゅうせん》（一八七八―一九四八）「御遺告及び御手印縁起の研究」（『密教研究』第七十五、七十六号）によると、手印の数は「前後合して八つ」といい、一層詳しくは「朱色はすでに褪失してかすかに暗褐色をとゞめ、掌根より中指端にいたる竪幅が六寸、小指より大指にいたる横幅が三寸であり、（略）太政官符下に左右合して四つ、後の年号月日下にも同様に捺し」てあるという。手印の当人については、古来空海示寂時の天皇である仁明帝の説、空海を寵愛した嵯峨帝の説などがあったが、天皇の玉体を朱肉で汚すのは恐れ多いことなので、お大師さますなわち空海であろうと森田は結論している。

「御遺告」四種はそれぞれに文章の長短や構成、用字にも差異があるが、大約は空海の伝記と、空海が高野山金剛峯寺を開創するにあたり、その地を丹生都比売神社《にうつひめじんじゃ》の祭神丹生《にう》都比売神《つひめのかみ》、高野御子神《たかのみこのかみ》から円満に譲り受けたことを記す。伝記は『三教指帰』の真撰を補強し、祭神の託宣は金剛峯寺領境界の主張に重要な意味をもち続けた。ただしかし、こんにちでは、これら「御遺告」の類を真撰であり真蹟であると主張する人はいなくなった。高野山大学武内孝善氏の「御遺告の成立過程について」（『印度學佛教學研究』第四十三巻第二号、一九九五年）は、「これらの遺告は、古来、大師の真撰とみなされてきたが、明治期の釈雲照以来、大師真撰を疑問視する説が出され、今日ではいずれも偽作とみなされている。したがって、今日残された問題は、いつ、誰が、いかなる目的で撰述したのかの解明であるといわれる」としてその成立過程に論及し、「つまり（遺告）諸弟子は、阿帝河荘は高野山領であると高野山が主張した際、その領有権を主張する根拠となる記録、いいかえると阿帝河荘は大師が丹生津比売命から譲られた由緒正しい所領の一部であることを証明する記録として作成された」とする。阿帝河《あてがわの》荘《しょう》は、阿氏河荘とも書く紀伊国在田郡（現在の和歌山県清水町）にあった京都白川寺喜多院（寂楽寺）を領家とする荘園で、寛弘元年（一〇〇四）九月から同五年十月にかけて高野山がその領有権を主張した事実を指していう。

また、釈雲照（一八二七―一九〇九）は幕末に高野山で修学し、明治期に著名であった真言宗の学僧。『弘法大師全集』に施注した種智院大学の長谷寶秀（一八六九―一九四八）は、「二十五箇条御遺告」に注して雲照の説を引き、「御遺告」の文章は和習を帯びて他の撰述と異なっており、大師の口述を門人が筆記したものであろうとしている。

武内氏がいうように「御遺告」が偽作と断定されている状況のもとではいまさらに「御遺告」の真偽問題を掘り返す必要はないが、昭和十五年の森田論文までは依然、真撰真蹟が議論されていたのであるから、これが偽撰とされるに至る経緯は見ておく必要がある。

二年、二回にわたって『密教研究』誌上に掲載された森田龍僊の論文は大作である。「御遺告」の詳細な調査報告があり、偽撰説の紹介とこれに対する反駁《はんばく》がある。ただ、反論の根底に深い大師信仰をうかがわせ、それには敬意をはらいつつも、議論としては賛意を表わすことのできない場合が多い。

たとえば、森田が偽撰論の最初に挙げたのは、同宗門の水原堯栄《ぎょうえい》(一八九〇―一九六五)の『弘法大師影像図考』(丙午出版社、一九二五年)だった。水原はのちに金剛峯寺座主となった人だが、その水原が「今日の歴史家は一様に、これは大師御入定後八九十年、尠なくとも観賢諡号勅許登山頃、乃至はその以後のものであらうといふことに鑑定一致してゐるのである」としたことに反論、「一様に八九十年以後の偽作と鑑定するとは、いづれの人々を指すのか、またいかなる根拠に立ってかく鑑定すといふのであるか。一様に鑑定すといひながら、その証拠理由をあげざるは甚だ遺憾な点である」と述べ、論調は相当に感情的だ。ここに観賢《かんげん》(八五四―九二五)というのは、延喜二十一年(九二一)に奏請して空海に弘法大師の大師号の下賜を受けて真言宗の再編を担った僧である。

次いで、牧野信之助(一八八四―一九三九)を当代歴史家随一としたうえで、その『弘法大師傳乃研究』(全正舎、一九二一年)に「この書(二十五箇条御遺告)大師の述作として宗内に於ては貴んで措かざるものならん、然も文体に於て記事に於て到底信拠すべきものにあらず」としていることに反論、なかでも「文体」については「文体の和習について」の一項を設けて、「（『遺《ゆい》教《ぎょう》経《きょう》』は）一言一句すべて読むもの、肺腑に徹せしむる底の、慈愛懇切の風格あるもので、この点において自余経典の筆致とは趣を異にしてゐる。大師の御遺告もまたこれと同じく、平生の文章たる十住心論（略）などともその趣を異にし、真言密教事相の源底はいふまでもなく俗諦門にもわたる種々の事実を懇切に示すことに存するが故に、ことさら日常語の如き非漢非和体となされしものであり、むしろ平生の彬々たる文章と異なるところに親しみとゆかしみとが備はるゆゑんでもある」と述べ、「遺告は未来に嘱すべき重大事を、終焉の期日迫るにのぞむでこれを草するが通例なるゆゑ、文辞洗練されてゐたのでは却つて不自然である。大師といへども日本人たる以上、文章を念頭におかざる場合には、字句調はずして若干の和習あることがむしろ自然である」という。『遺教経』は、鳩摩羅什訳とする経典。釈迦が入滅にあたって弟子たちに最後になした説法とされる。『十住心論』は空海の代表的著述の一つで、真言密教の体系を論じた書。この森田の反論は、信仰で文章を読むというもので、およそ信仰が存するところ、いずれの宗派宗門においても見られる事象である。

真言宗各派で組織する「祖風宣揚会」によって刊行された最初の『弘法大師全集』（吉

川弘文館、六大新報社）が、「御遺告」を収載する第七巻を出版したのは、明治四十三年（一九一〇）三月であった。遺言状という性格上、本来は門内秘伝であった「御遺告」の類もそれ以降は広く一般の目に触れるようになったのだ。当然、真偽問題も盛んになり、そのようななかで偽撰論を主導したのは牧野信之助をはじめとする歴史家である。歴史学者赤松俊秀（一九〇七―七九）は、「高野山御手印縁起について」（『続鎌倉仏教の研究』平楽寺書店、一九六六年）のなかで、「明治時代になって西洋の史学研究法が導入されると、（御手印）縁起自体の真偽が新しく検討されるようになった。アメリカ合衆国のエール大学で日本荘園史の講義を受持った朝河貫一博士は、御手印縁起を偽作と断定した学者として早い人である。彦根大学経済学部の江頭恒治博士もその著書『高野山領荘園の研究』のなかで、朝河博士に従って偽作と断定し（略）、御手印縁起の偽作について今日朝河・江頭両博士の説に反対の説はないと思われる。高野山の寺務当局が御手印縁起の公開を許さないのは、信仰上の理由もさることながら、史学者の間に偽作説が有力なことを警戒することも、大いに関係しているようである」と述べている。そして、これらの研究者たちが偽撰と断定する理由の主要な部分に「本文の筆致」、つまりは文章の表現があったのだ。

「御遺告」の偽撰は、古くは実証的な学風をもって国学の基礎を築いた契沖《けいちゅう》（一六四〇

―一七〇一）、『紀伊続風土記』を編纂した国学者本居内遠《もとおりうちとお》（一七九二―一八五五）らによってすでに指摘されていたのだが、宗教上に重要な意味をもつ文献の偽撰問題の解決には、かりに牧野信之助を起点にしても百年を必要とした。

本書が主題とする『三教指帰』の偽撰問題は平成六年（一九九四）三月以来であるから、これが真の解決のためにはあと七、八十年はかかろうかと思う。

結

偽撰の時期

初めに述べたようにわたくしの『三教指帰』偽撰説は、大谷大学が所蔵する『三教指帰注集』、いわゆる「成安注」が現存最古の筆写本である事実を知ったときの予感に始まる。空海入滅から約三百年の間、この重要な書物はどうしていたのであろうという素朴な疑問に発した予感である。そこで真筆本『聾瞽指帰』と『三教指帰』の両書を読み比べてみた。両書の間には特に初めの序文と終わりの十韻詩に大きな違いがあることは見てきたとおりである。

『聾瞽指帰』の序文が本文と一体となる四六駢麗文で文学論を展開するのに対して、『三教指帰』のそれは散文調で自叙伝を述べる。一文は同じ文体で叙述するのが基本だが、『三教指帰』はその基本をはずすばかりか、叔父の阿刀大足に就いて学び始めた年齢を「十五歳」として『文鏡秘府論』にいう「十歳」で詩文の作法を学んだという事実との間に矛盾を見せる。自叙伝の性格からしてその齟齬《そご》は動かしがたい欠陥だといえる。

儒教・道教・仏教の三教を論ずる本文の内容は明らかに仏教の最勝を説くが、その総括として位置づける『聾瞽指帰』の十韻詩が対句を整えながら仏教の優位を述べるのに対して、『三教指帰』のそれは対句の仕方に安定を欠くのみならず三教の融合を説く。思想は時間の経緯とともに変化してむしろ当然ともいえるが、そうであるならば十韻詩の導入部で儒教の亀毛先生と道教の虚亡隠士らが卑屈なまでにへりくだって仏教の仮名乞児に教えを乞う場面は書き改められなければ理屈に合わない。

『三教指帰』の本文は『聾瞽指帰』とほぼ同じで、整然とした四六駢麗文の修飾に満ちた文章で書かれている。従前から名文と評されてきたのはこの本文部を指していうのだが、ここにもほころびがある。あたかも再治すなわち空海が自ら書き改めたことを証するかのように、多くの部分で文字やことばの改変を試みているけれども、『聾瞽指帰』で用いる「耶」字をことごとく「邪」字に作るのは、飯島太千雄氏がいうように、空海は王羲之にならって「邪」字を使わない事実に照らしていえば、決定的な偽撰の証拠となる。僧は極貧をよしとする通念からつづれ織りのぼろ着を着るが、そのぼろ着を意味する「千結」を同じ意味の「紙袍」に変えたのは時代の感覚にずれがあって感心しない。

「紙袍」は僧の粗末な衣「紙子」と同義だが、紙子は紙が大量に生産されるようになる平安中期以後に起こる風俗であり、そこから偽撰の成立を平安中期に想定した。もっとも一概に平安中期といっても、その概念規定には諸説があるから、もう少し時間を限定しておく必要がある。そこで、伝記資料などから『三教指帰』の書名の出現がどこまでさかのぼれるかについてみておこう。

貞観十一年（八六九）に成立した『続日本後紀』の空海「卒伝」は、先に引用した伝記部の「阿波《あわ》の国《くに》の大滝《おおたき》の嶽《たけ》に攀《よ》じ躋《のぼ》り、土佐《とさ》の国《くに》の室戸《むろと》の崎《さき》に勤念《ごんねん》す。幽谷声《ゆうこくこえ》に応《おう》じ、明《みょう》星《じょう》影《かげ》を来《き》たす」に続いて「筆《ふで》を下《おろ》せば文《ぶん》を成《な》す。世《よ》よに伝《つた》える三教《さんぎょう》論《ろん》は、是《こ》れ信宿《しんしゅく》の間《かん》に撰《せん》する所《ところ》なり」（下筆成文。世傳三教論。是信宿間所撰也）という。「世傳《せいでん》」は、代々伝える。『荘子』天下篇に「旧法世伝《きゅうほうせいでん》の史《し》、尚《な》お多《おお》く之《これ》有《あ》り」とある。「（むかしの聖人の教えは）旧来の法制や世々に伝える書物に、いまも多く残っている」の意。「信宿」は、二晩。文脈からすると、ここは文才を称賛した部分で、「筆をおろせばたちまち文章を作り、代々伝えられている『三教論』のごときはわずか二日で書き上げたものである」という意味である。「世傳」（世よに伝える）の意をふまえて読めば、ここにいう「三教論」は「龜毛先生論」（儒教）、「虚亡隠士論」（道教）、「仮名乞児論」（仏教）を目次に掲げる『聾瞽指帰』を指していることがわかる。

なお、この「三教論」を『三教指帰』と解する説もあるので重ねていうと、「卒伝」はこのあと「書法《しょほう》に在《あ》りては、最《もっと》も其《そ》の妙《みょう》を得《え》たり。張芝《ちょうし》と名《な》を斉《ひと》しくし、草聖《そうせい》と称《しょう》せらる」（在於書法。最得其妙。与斉名。見称草聖）と続く。「張芝」は、後漢の能書の名。草書にもっともすぐれ、草聖と称された。「書法においてはもっともすぐれ、後漢の能書張芝と肩を並べて草聖と称された」の意。すなわちこれらの部分は伝記を終えたあとに付け加えた評論部であり、文章と書法の格別の才能を称賛したものにほかならない。したがってここの「三教論」が後世にまるで聖書のように崇高な書として扱われる『三教指帰』であることはないのだ。

『贈大僧正《ぞうだいそうじょう》　空海和上《くうかいわじょう》　伝記《でんき》』は寛平七年（八九五）の成立とされ、撰者を貞観寺座主《じょうがんじざす》とする。貞観寺は空海の実弟であり弟子であった真雅《しんが》（八〇一―八七九）が藤原良房の帰依を受けて建立した寺で、真雅が座主となった。勅命を受けて『続日本後記』を編纂した藤原良房はのちの藤原氏全盛期を築く基となった重要な人物である。ただし、この伝記の撰者を貞観寺座主の真雅とすることは、その成立年次と卒年からして困難であり、貞観寺座主は真雅の弟子聖宝《しょうぼう》（八三二―九〇九）に求めるのがよい。聖宝は醍醐寺の開祖であり、貞観寺座主、東寺長者を歴任、また真言宗系修験道の当山派《とうざんは》修験道の祖と目される人である。いずれにしても『贈大僧正空海和上伝記』にはまだ『三教指帰』の書名は登場しない。伝記資料における初見は『空海僧都伝』ないし「御遺告」の類である。両書ともに「三教指帰三巻」を明記する。

『空海僧都伝《くうかいそうずでん》』は空海の弟子真済《しんぜい》（八〇〇―八六〇）の撰とされてきた。真済は空海の詩文集『性霊集』十巻の編者として知られるが、これはまた『三教指帰注集』序文の作者とも考えられる仁和寺の学僧済暹《さいせん》（一〇二五―一一一五）が『弘法大師《こうぼうだいし》御《ご》入定《にゅうじょう》勘決記《かんけつき》』に「且《しばら》く高尾《たかお》の伝記《でんき》（空海僧都伝）に約《やく》するに、是《こ》れ彼《か》の真済僧正《しんぜいそうじょう》の御《ご》所造《しょぞう》にはあらず」というように、早い時期から撰者に疑問がもたれていたもので、この書もまた空海十大弟子の一人真済の名に仮託した偽撰である。

「御遺告」についてはすでに述べたが、これと『空海僧都伝』とは内容のうえで相互に関係すると考えられ、どちらが先行して他書に影響を与えたかという先後問題がある。この問題を簡略していうと、たとえば空海が禅居の地とした高野山の寺領について、『空海僧都伝』は「二三町許《にさんちょうきょ》」として、「御遺告」は「万許町《まんきょちょう》」とする。「許」は、ばかり、ほど。「町」は、広さの単位。前者が素朴で原初的であるのに対して、後者は大幅に寺領が拡大されて後次的であるから、この一事をもってしても『空海僧都伝』が先行することは明白である。

『空海僧都伝』には「大師《だいし》、天長《てんちょう》九年十二月十二日自《よ》り、深《ふか》く世味《せいみ》を厭《いと》い、常《つね》に坐禅《ざぜん》に努《つと》む」の記述がある。天長九年（八三二）は空海示寂の三年前のこと、世情の煩わしさから離れてひたすら坐禅に努めて心を静めたという。ここは日付に異同があるが、それは不問にして、いまは「大師」が問題。既述のように空海は延喜二十一年（九二一）に醍醐天皇から「弘法大師」の諡号を下賜された。示寂後じつに八十六年を経てのことである。この「大師」は単に師の尊称であるとして『空海僧都伝』の成立時期を早いところに置く説もあるが、これを採らない。つまり撰者がうっかり使った「大師」の語によって、この伝記の成立は延喜二十一年以後にあるということになる。

「御遺告」については安和二年（九六九）の奥書を持つ古抄本が存在することから、その成立はそれ以前にある。このような状況からすると、『空海僧都伝』の成立は延喜二十一年以後、安和二年以前に成立したと考えられる。

このように空海の伝記から見るかぎり、『三教指帰』は『贈大僧正空海和上伝記』が成立した寛平七年（八九五）以後『空海僧都伝』が成立するまでの四、五十年の間に偽撰されたことになる。そうすると、延喜二十一年に醍醐天皇から「弘法大師」の諡号が下賜された時期と重なるので、その顕彰運動の一環としてとらえることができる。

白河上皇（一〇五三―一一二九）が比叡山延暦寺の山法師に悩まされたというはなしは有名である。十世紀後半から十一世紀にかけて、延暦寺の僧兵は日吉大社の神輿《みこし》をかつぎ、南都興福寺の僧徒は春日大社の神木をかざしてしばしば洛中に入って強訴《ごうそ》を繰り返していた。難敵を排除するには同種の者をもって争わせるのが為政者の常套手段で、延暦寺や興福寺の対抗勢力として洛中の東寺すなわち真言宗の強化を図ったのではないか。空海没後の高野山は、正暦五年（九九四）の落雷による火災以来凋落していた。隆盛を取り戻すのは、治安三年（一〇二三）に藤原道長が参詣したあとのことで、白河上皇も寛治二年（一〇八八）に老体を運んで登山している。これらのことから、朝廷と教団との利害が一致し、弘法大師空海の再登場が図られたのではないか。そう思うことで一時は偽撰をなした者を済暹と考えたことがあるが、済暹が『空海僧都伝』の撰者を否定している事実などをもってすると、『空海僧都伝』が先行して存在したのであるから、済暹偽撰説は再考を要することになる。

　最後に一つ蛇足を加える。「卒伝」の伝記部最後の一句、「明星《みょうじょう》影《かげ》を来《き》たす」について、『三教指帰』自伝部ならびに『贈大僧正空海和上伝記』は同じ記述になっているが、『空海僧都伝』に至って「明星《みょうじょう》口《くち》に入《い》る」となる。虚空蔵菩薩の化身である明星が姿を現ずるという表現から、口に入るという表現に転化して神秘性を増幅させるのだ。口に入るとは具体的にどのような現象をいうのであろう。宗教的究極の体現をもってこれを説明することがあるかと思うが、わたくしには空海伝説がここから始まるように読める。

主要参考文献

赤松俊秀「高野山御手印縁起について」(『続鎌倉仏教の研究』平楽寺書店、一九六六年)
飯島太千雄『若き空海の実像――「聾瞽指帰」と新資料「破体千字文」で解明する』(大法輪閣、二〇〇九年)
――「『三教指帰』済暹偽撰説」(『大谷大學研究年報』第六十四集、二〇一二年)
太田次男「『聾瞽指帰』と『三教指帰』との本文吟味(上)――付・『聾瞽指帰』の翻字及び校注」(『成田山仏教研究所紀要』第十七号、一九九四年)
岡村圭真「空海伝の成立――空海と弘法大師」(『日本密教』春秋社、二〇〇五年)
佐藤義寛『三教指帰注集の研究』(大谷大学、一九九二年)
関　義城『和漢紙文献類聚――古代・中世篇』(思文閣出版、一九七六年)
高木訷元『空海　生涯とその周辺』(吉川弘文館、一九九七年)
武内孝善「御遺告の成立過程について」(『印度學佛教學研究』第四十三巻第二号、一九九五年)
――『弘法大師空海の研究』(吉川弘文館、二〇〇六年)
春名好重「紙子」(寿岳文章編『紙』作品社、一九八八年)
福永光司責任編集『最澄　空海』(日本の名著3、中央公論社、一九八三年)
牧野信之助『弘法大師傳乃研究』(全正舎、一九二二年)
村岡　空「聾瞽指帰(序・十韻の詩訳注)」(『弘法大師空海全集』第六巻、筑摩書房、一九八四年)

森田龍僊「御遺告及び御手印縁起の研究」（『密教研究』第七十五、七十六号、一九四〇、四一年）
渡辺照宏・宮坂宥勝校注『三教指帰　性霊集』（日本古典文学大系71、岩波書店、一九六五年）
和田　萃「薬猟と『本草集注』」（『史林』第六十一巻三号、一九七八年）
小豆島しあわせめぐり「恵門之不動」ご案内
（http://www.shiawasemeguri-shodoshima.jp/emonnofudo/index.html　二〇一六年十二月閲覧）
拙　稿「『三教指帰』偽撰説の提示」（『大谷大學研究年報』第四十五集、一九九四年）
――「『三教指帰』本文の文章――済暹偽撰説」（『大谷大學研究年報』第六十四集、二〇一二年）

図版一覧

図1　重要文化財『三教指帰注集』：大谷大学博物館蔵
図2　山田文昭肖像：山田文昭遺稿刊行会編『山田文昭遺稿』第一巻（破塵閣書房、一九三四年）
図3　重要文化財『春記』紙背『顕密立教差別記』：大谷大学博物館蔵
図4・6〜12　国宝『聾瞽指帰』：高野山・金剛峯寺蔵
図5　国宝「風信帖」（弘法大師尺牘）：東寺（教王護国寺）蔵
図13　大阪湾周辺地図：編集部作成
図14　小豆島地図：編集部作成
図15　恵門之不動：著者撮影（二〇一六年九月）
図16　龍門石窟　奉先寺大仏：常盤大定・関野貞『支那文化史蹟』第二巻（法藏館、一九四一年）
図17　北海王元詳造像銘：常盤大定・関野貞『支那文化史蹟』第二巻（法藏館、一九四一年）
図18　唐長安略図：編集部作成
図19　恵果像（『三国祖師影』）：大谷大学博物館蔵
図20　観世音寺：著者撮影（二〇一六年十一月）
図21　玄昉墳墓：著者撮影（二〇一六年十一月）

跋

「読めませんなあ」「読めませんねえ」。

もう五十年以上前、わたくしが漢文を習い始めたころの偉い先生方がふと出会ったときに交わされた挨拶のことばが鮮やかによみがえる。

わたくしの師は三木克巳先生。書物を出されなかったので無名であったが、当時の中国文学の第一人者吉川幸次郎先生がのちに「陋巷《ろうこう》の隠君子《いんくんし》」と評したように、清貧に甘んじ、清楚な身なりのなかに強靭な精神力を秘め、そして何よりも読むことに厳しい人だった。この挨拶は、先生の供をして京都の書肆彙文堂に立ち寄り、出された茶を喫しているさなかに、あたかも吉川幸次郎先生が店に入ってきたときの紳士相逢うの風景である。

博士課程二回生の途中であったと思う。三木先生が病に倒れられ、その代理として立命館大学で行なわれていた梁の鐘嶸《しょうこう》の文学評論書『詩品』を読む研究会に出席できる機会を得た。高木正一先生が主宰で、のちに小説家に転じた高橋和巳が助教授として出席していた。ただこの会は実質的には吉川幸次郎先生が仕切って進行し、やがて日本中国文学界の中核をなす有名の人たちが、吉川先生の厳しい詰問に窮してことごとく赤面して下を向き、歯を食い縛って屈辱に耐えていた様子がいまも目に焼きついている。わずか一語の理解に数えきれないほどの用例を引き出し、何時間もかけてようやく意味づけにたどり着くというものであった。

この研究会を体験して、読む力を養うには学外で修業することが必要という思いを強くもった。それで、次に京都大学人文科学研究所の平岡武夫先生の門を叩き、『白氏文集』の研究会に加えていただいた。主宰する平岡先生はもとより花房英樹先生、福永光司先生などが常に発言されて、やはり恐ろしい会であった。この会には平岡先生が退官されるまで長く通った。

その後、自分の研究を進めるなかで、中国の禅宗史を知る必要が生じた。ちょうど花園大学から京都大学人文科学研究所へ移籍された柳田聖山先生が初期の禅宗史書を読んでおられたので、これを幸いに入門、宋の道原の『景徳伝灯録』、同恵洪の『禅林僧宝伝』を学んだ。この研究会にも長く通い、わたくしの出稽古は前後二十年におよんだ。

二〇〇四年、平成十六年三月に現役を退任するまでの十年間は、大谷大学真宗総合研究所の助成を得て、唐代高僧の碑文を読む研究会を組織し、高僧碑文の読解に努めた。禅宗が多くを占めたが、密教に関わる高僧でいえば善無畏や不空があり、読んだ碑文はすべて百二十篇を超えている。

碑文は高僧伝記の根本資料だが、これらを読みながらふと思うことがあった。多くの入唐僧が唐における原碑を見学し、拓本ないしは文章の写本を持ち帰りながら、日本では石碑文化の急速な発展を見なかったことである。空海や最澄にさえも碑文がないのだ。碑文は高僧の遺徳を顕彰する石碑を建てるための文章で、美麗かつ重厚でなければならず、書き手の不在がその展開を妨げたかと思う。

石碑文化の立ち遅れとは逆に、日本特有の発達を見せたのが書写伝承文化である。たとえば『大正蔵』巻五十は空海が真言密教の祖師として重んじる不空の「行状」を収載するが、『大正蔵』がよった原本は東寺観智院が所蔵する十四世紀の写本である。「行状」は普通には碑文を文人に依頼する準備として故人に親しい者が日記や記録、伝聞や聞き取り調査などを整理してこれを書く。故人の生涯を時間を追うようにして詳細に書きとどめるので、おのずから分量も多くなる。唐の趙遷の撰になる「不空三蔵行状」も大部な作品だが、碑文と違って作者が自己の文集に記録する以外は後世に残ることが少ない。清朝に編纂された『全唐文』はこれを採らないから、この「不空三蔵行状」は『全唐文』の佚文として補うに足りる。

空海が読んだ『遊仙窟』も延々と書き継がれ、十四世紀中葉に書写された京都醍醐寺本・名古屋真福寺本などの善本がいまも残っている。この書物は単行したようで、その特異な内容からであろう、中国では早くに亡佚し、清朝末期に楊守敬が逆輸入したはなしは有名で、日本の書写伝承文化が大きな輝きを放っていることを示している。

同じく『大正蔵』巻五十は、李華の「善無畏三蔵碑」を収載するが、これも十四世紀に書写された東寺観智院所蔵本を底本とする。李華の「善無畏三蔵碑」は通常には南宋刊本の『文苑英華』所収本を用いて読むが、一層原本の形をとどめた『大正蔵』所収本をもって校勘しなければならないという種類のものである。東寺観智院所蔵本は入唐八家の一人である恵運の「恵運律師書目録」に「無畏三蔵碑一巻」と記録されているものの伝写された古抄本なのだ。

しかし、伝承書写された古抄本がすべて善本かというとそうとはかぎらない。一例を挙げると、右記『大正蔵』所収の「善無畏三蔵碑」はこれに先立ってやはり李華の撰とするわずか約五百三十字の短文「善無畏三蔵行状」を掲出するが、この「行状」はひどい。善無畏の出身地、生年、翻訳実績の一端、卒年と埋葬など、行状としての体裁は一応整っているが、それら基本事項はみな碑文または『宋高僧伝』からの抜粋で、この行状は明らかに贋作であって李華の文ではない。したがって『全唐文』の佚文であることもない。李華は唐代古文家の首魁《しゅかい》であって、時代に突出した文章家であった。その後に続く「善無畏三蔵碑」との間に歴然とした差異がある。

この「善無畏三蔵行状」のありようを見ると、伝承して書写するという誇るべき一面がある一方、何か負の影があるように思えてならない。すなわち伝写する行為のなかに、偽撰を浄化する作用があるのではないかと思うのである。これは『三教指帰』の偽撰問題とも共通するところがある。

さて、自分なりに一定の修行は積んできたつもりだが、読めないことはこんにちも変わりがない。したがって、読めばかならず誤りをおかすのが常である。本書は読むことに重点をおいて書き進めてきたので、決まって間違いがあると思うが、そのときはどうか厳しく叱っていただきたい。

最後に一言。まず、本書の初めに示した「凡例」を補足しておく。

先に飯島太千雄氏から、両指帰の比較検討に供する「基本台帳」の恵与を受けていた。B4判四二〇枚、八三五頁におよぶ大部なもので、一頁に主軸として『聾瞽指帰』一行の影印が貼られ、これに『弘法大師真蹟集成』所収の活字釈文が添えられている。次いで『三教指帰』の高野板建長本影印と『弘法大師全集』所収の活字釈文、証円書写仁平本影印、厳寛書写成安注本の本文影印が『聾瞽指帰』の字数に合わせて順次貼り付けられている。主軸になるもの以外はすべて面倒な切り継ぎである。異同のある箇所にはペン書きで符号が記されおり、精巧にして至便の宝物だ。この「基本台帳」の作成には二年を要したと聞くが、今回もその恩恵に浴すること多大であった。
次に、空海自注の「滸倍」を探索するなかで、香川県小豆郡土庄町教育委員会生涯学習課山下舞子氏の親切で丁寧な対応をいただいた。ほかでは入手しがたい資料の提供を受けたことに御礼申し上げる。

本書が成るについては、法藏館編集部今西智久氏の力強い協力を得た。図版の手配から校正に至るまではもちろんのこと、すでに思考の持続が衰えて遅々として進まない原稿を根気よく待ち、行論の乱れをも指摘していただいた。深甚の謝意を表する。

二〇一七年三月五日

河内　昭圓

著者略歴

河内昭圓（かわち　しょうえん）

1938年、大阪府生まれ。62年、大谷大学文学部支那学科卒業。68年、大谷大学大学院博士課程満期退学。84年、大谷大学教授。2004年、大谷大学名誉教授。
主な著書に、『江南游記』（文栄堂書店、2014年）、『平野五岳詩選訳注』（日田専念寺、2010年）、『東西文学の世界』（共著、朝日出版社、1991年）のほか、中国・唐代文学に関する論文多数。

三教指帰《さんごうしいき》と空海《くうかい》　偽撰《ぎせん》の文章論《ぶんしょうろん》

二〇一七年五月一八日　初版第一刷発行

著　者　河内昭圓
発行者　西村明高
発行所　株式会社　法藏館
京都市下京区正面通烏丸東入
郵便番号　六〇〇-八一五三
電話　〇七五-三四三-〇〇三〇（編集）
〇七五-三四三-五六五六（営業）

装幀　山崎　登
印刷・製本　亜細亜印刷株式会社

ISBN 978-4-8318-7713-0 C0015